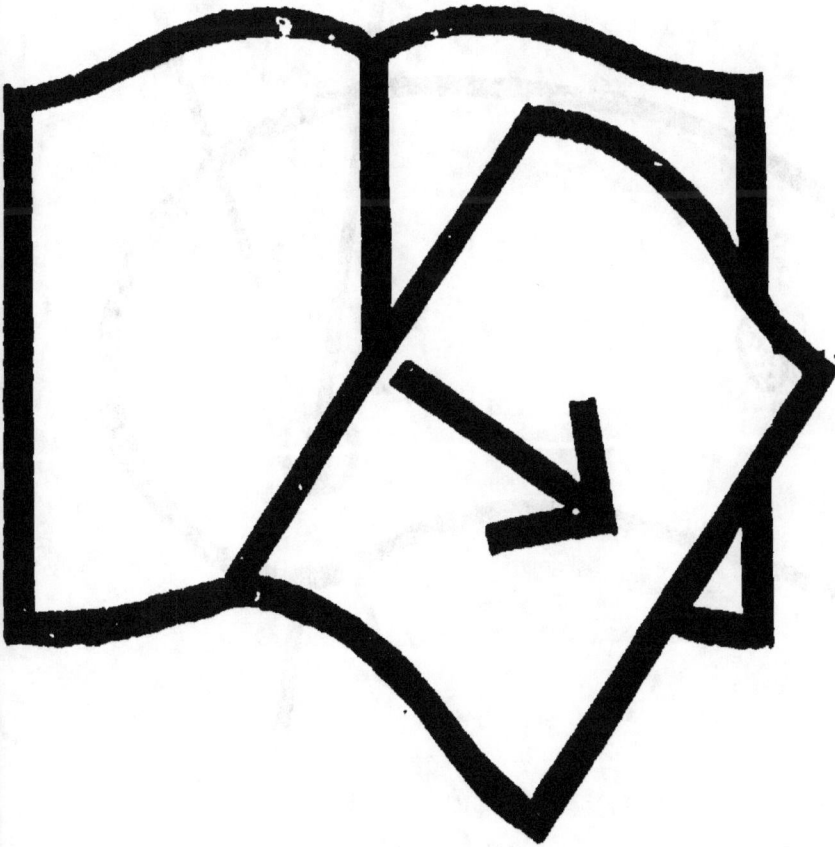

Couverture inférieure manquante

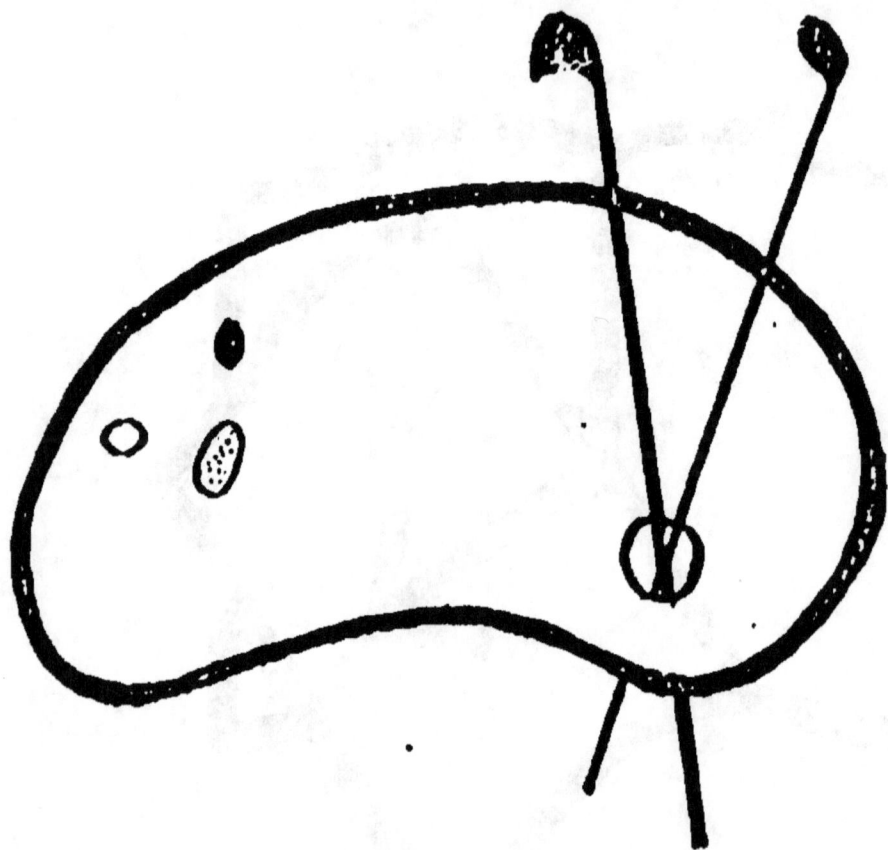

DEBUT D'UNE SERIE DE DOCUMENTS
EN COULEUR

Abbé J.-M. GUILLOUX

Baronnie
de Lanvaux

VANNES

LIBRAIRIE LAFOLYE

1896

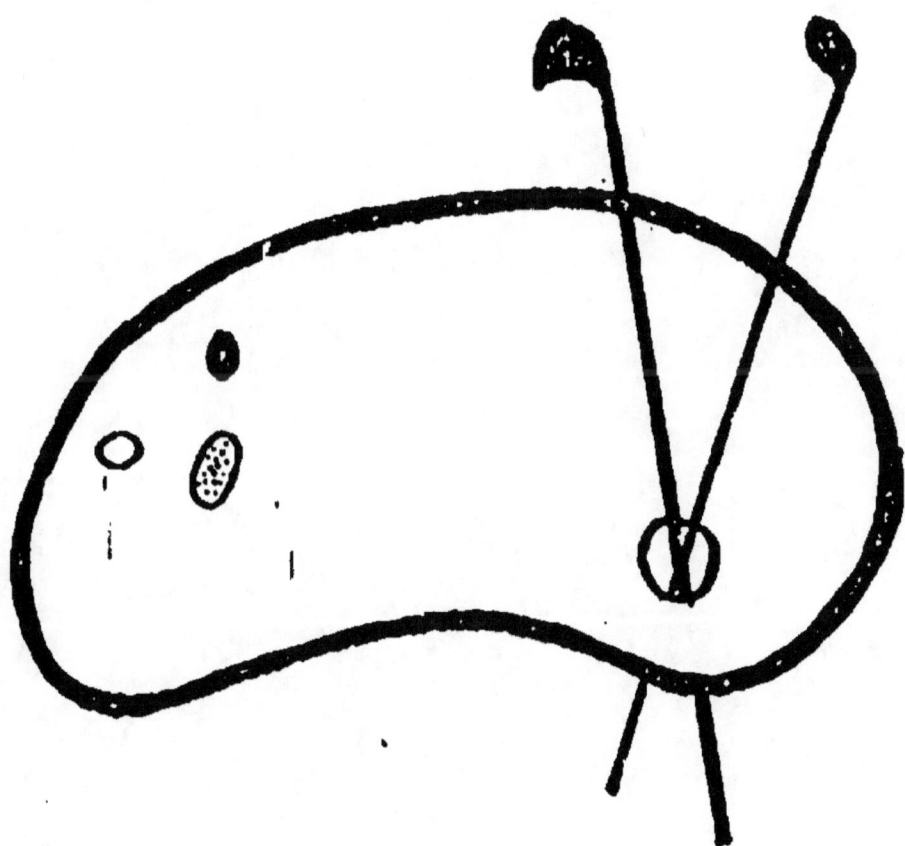

FIN D'UNE SERIE DE DOCUMENTS
EN COULEUR

Abbé J.-M. GUILLOUX

Baronnie
de Lanvaux

VANNES

LIBRAIRIE LAFOLYE

1896

BARONNIE DE LANVAUX

I

BARON

L E titre de baron dut prendre naissance au X° siècle, en même temps que la féodalité; mais il ne devint d'un usage commun qu'au cours du siècle suivant. Le *Car-tulaire du Morbihan* n'en fait pas mention avant 1082, date à laquelle le comte Hoël tenait sa cour à Auray avec beaucoup de barons, *cum multis baronibus*[1].

Remarquons la circonstance : Hoël tenait sa cour et ceux qui la composaient prirent le nom de *baron*. Et qui composait en droit la cour du prince? Ses vassaux directs, c'est-à-dire, ceux qui tenaient leur fief immédiatement de lui, qui lui rendaient l'hommage lige et prêtaient entre ses mains le serment de fidélité. Ces mêmes seigneurs, non contents de *garnir* la cour de leur duc, escortaient sa personne, rendaient avec lui la justice, et c'est dans l'exercice de ces diverses fonctions qu'on les qualifiait *barons*. Par extension, ce titre se donna peu à peu à tous les conseillers et familiers du duc, à tous ceux qui l'accompagnaient et l'assistaient dans ses voyages, bien qu'ils ne fussent pas toujours d'une

[1] *Cart.* 161.

naissance distinguée. Enfin il était porté par tout vassal noble qui relevait directement d'un autre seigneur, et par tout individu non vassal, qui se trouvait actuellement dans son entourage, dans sa cour ou dans son armée féodale[1].

Telle était, aux XIe et XIIe siècles, la signification du mot *baron*, il impliquait des relations personnelles avec le suzerain. Vers la fin du XIIe siècle, ce sens se modifie ; il ne s'applique plus aux vassaux secondaires, ni à ceux qui *garnissent* la cour du suzerain, il désigne exclusivement les principaux feudataires, qu'ils soient ou non présents à la cour ducale. Dès lors ces grands feudataires forment un rang à part, le premier parmi la noblesse, et ils cessent d'être barons du duc pour devenir barons de Bretagne. Depuis ce temps, leur titre n'est pas seulement personnel, il s'applique encore aux terres qu'ils possèdent, en sorte que leurs seigneuries se transforment en baronnies. Cette qualification ne figure pas cependant dans les chartes avant le XIVe siècle[2].

Le baron jouissait de prérogatives spéciales qui le distinguaient des autres gentilshommes. En voici les principales : le droit de haute et pleine justice sur tous les crimes commis dans la baronnie, celui de *tailler* ses sujets et de construire des forteresses sans l'autorisation du duc ; le droit de bris sur ses terres et le droit de guet dans ses châteaux. Il était aussi le conseiller obligé du duc qui devait prendre son avis et obtenir son consentement pour les affaires capitales, telles que déclarations de guerre, traités de paix, abrogation des lois anciennes et promulgation de nouvelles, réforme des abus, établissements et fondations considérables, impositions de taxes sur le duché. Les droits ordinaires de la suzeraineté, tels que l'hommage, la justice, l'obéissance et le ressort, restaient pourtant entiers[3].

Ces privilèges, on le voit, étaient très importants. Pourrait-

[1] Arthur de la Borderie, *Les neuf barons de Bretagne.*
[2] *Ibid.*
[3] Diverses histoires de Bretagne.

on citer un grand nombre de seigneurs qui les possédaient ? Une centaine au moins[1]. La plupart des historiens jusqu'ici les réduisaient à neuf, mais cette division de la Bretagne en neuf grandes baronnies doit être traitée de légende. Que d'Argentré mentionne la présence de neuf barons dans un Parlement tenu par Alain Fergent, que dom Morice n'ait jamais mis en doute leur existence, que des vers latins aient été composés pour imprimer leur noms plus aisément dans la mémoire, rien de plus exact ; seulement il paraît certain que le Parlement signalé par d'Argentré n'est pas authentique, que dom Morice a manqué de critique en la circonstance, que les vers ont été forgés au XV° siècle en vue d'une nouvelle organisation. Cela est très fâcheux pour les neuf, et surtout pour le seigneur de Lanvaux qui en était réputé le doyen : *inde landebalum est decanus omnium.*

II.

BARON DE LANVAUX.

Dépossédé de la situation privilégiée qu'il occupait, le seigneur de Lanvaux n'en reste pas moins au rang des barons de Bretagne, et l'on ne peut s'en étonner : il y a droit par sa naissance. Tous les auteurs s'accordent à lui donner une origine princière. Les archives abbatiales affirment en maints et maints endroits qu'il était « issu des ducs de Bretagne ». Potier de Courcy précise davantage lorsqu'il écrit: *Lanvaux, ramage des comtes de Vannes.*

Pour certains héraldistes, cette assertion ne fait pas l'ombre d'un doute parce que les armes de Lanvaux, *d'argent à trois fasces de gueules*, sont également possédées par d'autres familles qui prétendent à la même origine. Ces témoignages sont d'ailleurs conformes à celui de l'historien d'Argentré qui

[1] *Les neuf barons de Bretagne.*

regarde la baronnie comme un démembrement du comté de
Vannes. Par malheur il omet de dire à quelle époque et en
faveur de qui s'est opéré le démembrement.

Cette omission est d'autant plus regrettable qu'aucun texte
n'est venu la réparer. On pouvait espérer que la publication
du *Cartulaire du Morbihan* ferait sur ce point obscur quelque
lumière. On y voit figurer en effet, dès les temps les plus
reculés du moyen-âge, toutes sortes de personnages : moines,
abbés, chanoines et évêques, comtes, vicomtes, chevaliers et
autres seigneurs. Au XI⁰ siècle en particulier, nous y trouvons,
entre 1008 et 1031, les seigneurs de la Rochebernard ; en 1020,
Guyomar, vicomte de Léon, Rodald de *Reux* et Derian d'Elven ;
en 1026, Hervé de Lohoiac ; en 1037 ; Huelin d'*Henbont*, Robert
de Vitré (*Vitriacencis*), Guéhénoc de Poubels, David de
Ploihinoc ; plus tard, Hugolin de *Ploiarmel*, Conan de Plau-
dren.... : personne n'y manque, le seigneur de Lanvaux excepté. Il faut même traverser tout le siècle suivant et descendre jusqu'en 1224, pour en trouver la première mention.

Si donc on s'en rapportait au *Cartulaire du Morbihan*, on
serait tenté de croire qu'avant le XIII⁰ siècle, les barons de
Lanvaux n'avaient donné aucun signe de vie. Or ils s'étaient
signalés d'une manière éclatante en 1138, année où Alain de
Lanvaux avait voulu se donner aux portes de son château le
luxe d'un établissement monastique[1]. La charte de cette fondation avait été soigneusement rédigée[2]; et si aucun cartulaire
ne l'a mise au jour, c'est qu'elle a été détruite ou égarée
pendant les guerres de la Ligue[3] ; perte irréparable parce que
ce document aurait probablement fourni des renseignements
positifs sur la maison du fondateur et sur ses vraies origines.

Bien qu'Alain de Lanvaux soit le premier en date, il est
difficile d'admettre qu'il soit le premier de sa race. Les témoignages que nous avons rapportés paraissent insinuer

[1] Voir mon *Histoire de l'abbaye de Lanvaux*.
[2] Arch. abb. *passim*.
[3] *Ibid*.

qu'elle existait depuis longtemps déjà. Si on effet on prend à
la lettre l'expression de Potier de Courcy : *Lanvaux*, ramage
des comtes de *Vannes*, n'a-t-on pas lieu de croire que le démembrement de la baronnie s'est opéré par un comte de
Vannes en faveur d'un cadet de sa maison ? Ce qui nous ra-
mène à bien des années en arrière, à l'époque où Vannes
avait ses comtes particuliers. Et dès lors il est permis de sup-
poser, sans trop de témérité, que les *Lanvaux* remontent à
la naissance de la féodalité, aussi bien que les autres grandes
familles de Bretagne.

Si fondée que paraisse cette supposition, aucun fait cependant ne permet de la transformer en certitude, et il reste
seulement vrai que la noble famille ne date authentiquement
que de 1138, et que c'est à une œuvre pie qu'elle doit son
entrée dans l'histoire.

III

ÉTENDUE DE LA BARONNIE.

Si les origines de la maison de Lanvaux restent toujours
obscures, on n'est pas mieux fixé sur l'importance de l'apanage qu'elle avait reçu de son auteur. Il ne suffit pas de
savoir que c'était un démembrement du comté de Vannes, il
serait bon aussi de connaître en quoi il consistait. Or le
moyen, dès lors qu'on ne possède aucun aveu ou déclaration
officielle de ses terres?

Une pièce secondaire nous apprend qu'en « une portion de
la baronnie et chastellainie de Lanvaux », il y avait « plusieurs terres, rentes, devoirs et grandes libertez, préroga-
tive, juridiction, moyenne et basse : sous laquelle avait
grand nombre de tenours et subjets barons, chevaliers,
écuyers et nobles gentilshommes et plusieurs autres tenant

d'icelle seignourie et juridiction à foy, hommage et rachat[1]. »
Dans un rapport adressé au roi, les moines de Lanvaux
déclarent à leur tour que « la baronie composait dans son
entier une étendue considérable de fiefs et de juridictions[2] ».
Tout le tort qu'ont eu les rédacteurs de ces deux pièces,
c'est de ne pas désigner nommément les fiefs et juridictions
dont il s'agit.

C'est en vain qu'on compterait sur le *Dictionnaire topographique du Morbihan* pour obtenir les renseignements
désirés. Il dit simplement : *baronnie,* dont la juridiction
s'exerçait à Pluvigner et à Grand-Champ. Cela est vrai, mais
incomplet ; il fallait ajouter que la majeure partie de Pluvigner en relevait ; qu'elle avait ses extensions en Plumergat,
Brech, Auray, Crach, Locmariaquer, Plœmel, Mendon et
Belz. Les affirmations réitérées des archives abbatiales, ainsi
que la teneur de deux documents dont il sera parlé dans la
suite[3], ne laissent aucun doute à cet égard.

Or remarquez que ces différentes localités, à l'exception
de Grand-Champ, se trouvaient renfermées dans la sénéchaussée d'Auray. Est-ce à dire que la baronnie comprenait totalement cette sénéchaussée ? Le président de Robien, au cours
du dernier siècle, aimait à le penser. Ayant hérité de la châtellenie en question, il aspirait à faire revivre en sa personne
le grand seigneur d'autrefois ; et, en 1734, Marin de Moncam,
seigneur de Kerlois, en Pluvigner, l'accusa formellement « de
se nommer châtelain d'Auray et de vouloir être le suzerain
des terres qui dépendaient de cette cour royale. »[4]

Cette prétention de M. de Robien est digne de remarque :
mais sur quoi s'appuyait-elle ? Rien ne le dit, et dès lors,
jusqu'à plus amples renseignements, on est contraint de la
rejeter.

[1] *Arch. de Lanvaux*
[2] *Ibid.*
[3] Vide infrà, art. xiv.
[4] *Arch. de Lanvaux*

Avec sa terre de Lanvaux, le baron possédait les seigneuries de Beaulieu, du Mas, de la Cherpauteraye[1].... ; les paroisses de Moréac, Remungol et Melrand presque en entier[2] ; des domaines considérables en Plumelin, Pluméliau, et surtout en Noyal-Pontivy[3]..... Les possédait-il par alliance ou à titre d'apanage ? C'est ce qu'on ignore. Toujours est-il que ces biens ne faisaient pas partie de la baronnie qui devait se borner, à peu de chose près, aux paroisses que nous avons énumérées[4].

IV

SIÈGE DE LA BARONNIE.

Dès qu'il se vit pourvu de son apanage, le grand seigneur ne devait avoir qu'un souci : trouver un emplacement convenable pour la construction d'une forteresse. Il chercha cet emplacement au pied d'une singulière élévation de terrain qui paraît traverser la province, de la Vilaine à Brest, et que pour ce motif on appelle le *sillon de Bretagne*. Ce sillon, dans sa traversée, prend différents noms ; mais, de Pluvigner à la Vilaine, c'est celui de Lanvaux qui l'emporte. Lanvaux sonne mal aux oreilles de nos gens, il évoque l'idée d'une aridité excessive ou de blocs de pierres informes disséminés dans le plus complet désordre. Mais si le sommet présente ce triste spectacle, il en est autrement des vallées qui courent à la base ; celles-ci sont généralement fertiles, et en particulier celle que le Loch arrose de ses eaux.

Potier de Courcy, *Nobiliaire de Bretagne*.
[1] Arch. abb. et *Cartulaire du Morbihan*.
[2] Ibid.
[4] Peut-être faudrait-il y joindre quelques paroisses voisines, comme Erdeven, Plouharnel et Carnac. Il est certain que les religieux de Lanvaux avaient eu jadis des domaines dans ces trois localités ; et l'on sait que Jean Le Roux les avait enrichis des dépouilles de la baronnie.

Cette rivière coulait au milieu des domaines du seigneur qui nous occupe et semblait lui appartenir en propre. Or, au nord-ouest de Grand-Champ, à 1500 mètres environ du territoire de Pluvigner, une langue de terre[1] pénétrait bien avant dans la vallée et se terminait en éminence. Cette éminence, le seigneur dut l'exhausser encore lorsqu'il résolut d'y bâtir son château, qui n'était autre qu'un donjon assis au sud-est d'une enceinte de forme rectangulaire. L'enceinte renfermait d'autres édifices, et on en voit encore un dont les longères sont très apparentes ; mais il serait imprudent d'en attribuer la construction au baron, parce que le manoir a subi, dans le cours des temps, diverses modifications. Le tout était entouré de trois fossés que le Loch remplissait aisément[2].

Le grand seigneur ne se borna pas à l'utile ou au nécessaire, il recherchait aussi l'agréable ; et, à cet effet, il engloba son château dans un grand parc qu'il environna d'un mur, ruiné presque entièrement aujourd'hui[3]. Commençant au chemin de Gornevec qui en faisait la limite au nord, ce mur descendait des hauteurs de Lanvaux par la maison du garde et le village de Kerambart, vers la vallée du Loch qu'il traversait à 50 mètres au-dessus du manoir ; puis tournant vers l'ouest et longeant la rivière pendant cinq à six cents mètres, il la franchissait de nouveau, pour remonter jusqu'au chemin ci-dessus mentionné. D'après un rapport de 1536, le parc avait « environ demy-lieue de long et aultant de laise et travers[4]. » En réalité, il était plus long que large, et sa contenance, d'environ 203 hectares.

Cette résidence était digne d'un fils de Bretagne ; elle aurait pu lui suffire si, sous le régime féodal, la puissance des seigneurs s'était moins mesurée peut-être au nombre

[1] Aujourd'hui en Brandivy.
[2] L'un des fossés, le plus rapproché du château, est encore très profond.
[3] La partie qui existe s'appelle *mur du roi*, sans doute parce que le roi l'a fait réparer.
[4] Arch. dép. (Voir ci-dessous, art. XV et XVI).

de leurs vassaux qu'à la solidité et au nombre de leurs forteresses. Aussi le baron de Lanvaux en possédait plusieurs.
Citons seulement le château qu'il s'était construit à deux ki-
lomètres plus à l'ouest, sur le territoire de Pluvigner, et
qu'on dénomme de nos jours *Coh castel* ou *castel Bihuy*. Il se
dressait également sur les bords du Loch, à l'extrémité d'un
cap formé par la jonction de cette vallée avec la vallée de la
fontaine de Saint-Bieuzy, presque au sommet de l'angle que
la rivière dessine avant de tourner brusquement vers Auray.
D'après un aveu de l'abbaye, en date du 8 octobre 1728, c'était
« une motte eslevée et entourée de divers fossés[1]. » Ces
fossés se réduisent aujourd'hui à un seul ; mais il est
énorme, ayant neuf à dix mètres de profondeur et autant de
largeur. L'enceinte est de forme ovale de 40 à 50 mètres de
diamètre, et garnie par endroits de remparts ruinés. Elle
n'offre aucune trace de construction, à l'exception des ruines
d'un donjon situées à l'est.

Le silence et la solitude pèsent maintenant sur ces lieux et
font un singulier contraste avec l'agitation qui devait y régner
autrefois. Reportons-nous donc par la pensée à cette époque
lointaine où le châtelain de Lanvaux exerçait tant de droits et
possédait tant de pouvoirs. C'est dans ces donjons qu'il habitait
avec sa famille ; c'est du haut de ces points culminants que son
regard observait l'horizon, épiant le mouvement des ennemis.
C'est dans ces tours, vrais centres du fief, qu'il recevait les
hommages de ses vassaux et leur rendait la justice ; c'est là enfin
qu'ils accouraient à son appel pour faire le guet et remplir tous
les devoirs de la vassalité.

Que l'accueil du seigneur fût toujours gracieux, ou les
corvées qu'il imposait agréables, on n'oserait le soutenir.
Personne du moins ne pouvait objecter les difficultés des
communications pour arriver jusqu'à lui. Sans parler du
chemin de Cornevec qui sillonne les hauteurs de Lanvaux et

---

[1] Arch. de Nantes. Le même aveu mentionne un « quai du cos *castel* ».

qu'un acte mentionne en 1250 sous le nom de *Cornoel*[1], trois
grandes voies desservaient le voisinage et aboutissaient
directement ou indirectement aux deux forteresses. L'une,
qu'on dirait romaine, allait en droite ligne de l'est à l'ouest
et les longeait exactement ; une deuxième venait de Baud
sur Vannes[2] et passait aux pieds des remparts du *coh Castel* ;
une troisième arrivait de Locminé, mais, avant de descendre
la montagne, elle se partageait en deux branches qu'elle
poussait vers Auray, l'une par le château de Lanvaux et
Plumergat, l'autre par le coh Castel et Pluvigner[3].

Cette dernière n'était pas la moins fréquentée, elle con-
duisait à Pluvigner qui constituait le fief le plus important de
la baronnie. Aussi le seigneur transféra-t-il le siège de sa
justice au bourg de cette paroisse[4], qui était dès lors « très
peuplé et de grande étendue[5] ». Le symbole de la juridiction
se dressait à l'est du même bourg, sur la lande du *Mont*, qui
s'étend vers la chapelle de Miséricorde[6]. Il consistait en
« fourches patibulaires à quatre piliers de taille », tombées
seulement vers 1650[7]. Pour la lande, elle renfermait sous fonds
plus de trois cents journaux[8] et dominait tous les environs,
en sorte que les corps des suppliciés pouvaient s'apercevoir
de loin, se balançant dans le vide.

[1] Dom. Morice, *Preuves*, 1.
[2] *Arch. de Nantes*. Les charrettes traversaient le Loch sur un gué et les
piétons sur un barrage qui existe encore. Ce barrage permettait de transformer la vallée en étang et de remplir d'eau les fossés du Castel.
[3] Voir pour les détails mon *Histoire de Brandivy*.
[4] Les fiefs du Val, de Laval-Tancarville, de Kerambourg, avaient aussi
leur juridiction au bourg, sur le *Martray* (Arch. départ.)
[5] Arch. abb. de Lanvaux, passim.
[6] Fonds *Robien* à Vannes et à Nantes.
[7] *Ibid.*
[8] *Ibid.*

V

RÉVOLTE D'OLIVIER DE LANVAUX.

Les vassaux avaient aussi l'occasion de comtempler ce spectacle de près. La lande du *Montre*, ainsi qu'on prononce en breton, devait être le lieu où le seigneur passait ses forces en revue, et c'est là peut-être qu'Olivier de Lanvaux les convoqua une dernière fois, le jour où il résolut de faire la guerre à son suzerain.

Olivier de Lanvaux se trouvait plus à même qu'aucun de ses prédécesseurs d'entreprendre cette lutte avec quelques chances de succès. Vers la fin du XIIᵉ siècle, il avait fait un mariage considérable qui augmentait de beaucoup son patrimoine. Adelice, fille du seigneur d'Hennebont, lui apportait en dot, outre le tiers du vieux château d'Hennebont, une partie de Saint-Caradec et de Caudan, les deux tiers de Plouay, et les paroisses de Berné, Bubry, Calan, Cléguer, Inguiniel, Lanvaudan et Quistinic[1]

Cet accroissement de puissance était bien propre à surexciter son orgueil et à le rendre intraitable dans la revendication de ses privilèges. Or, en 1237, venait de monter sur le trône de Bretagne, le fils de Pierre Mauclerc, Jean Le Roux, jeune prince très entreprenant et peu disposé à subir les prétentions de ses vassaux. Dès le commencement de son administration, le voilà en querelle avec trois d'entr'eux, André de Vitré, Raoul de Fougères et Olivier de Lanvaux. Les deux premiers, ayant obtenu ce qu'ils réclamaient, se calmèrent aisément[2]. Le dernier, traité avec moins d'égards,

[1] Le Mené, *Bulletin de la Société polymathique.*
[2] Dom Morice, *Histoire de Bretagne.*

tint aussi une conduite différente. Irrité contre le duc qui lui
contestait avec obstination certains droits patrimoniaux[1], il
leva l'étendard de la révolte.

Les mécontents devaient être nombreux et l'on peut croire
que le rebelle n'avait rien ménagé pour les rallier à sa cause ;
mais, bien que les circonstances fussent favorables, un seul
se déclara publiquement en sa faveur, Pierre de Craon[2]. Celui-
ci ne voyait pas sans regret la seigneurie de Ploërmel unie
au duché de Bretagne. Philippe-Auguste l'avait donnée en
1206 « à son amé et féal Maurice de Craon pour la tenir à
jamais lui et ses hoirs, du roi et de ses héritiers, à fief et
hommage-lige » ; mais dans sa lutte contre Mauclerc, ce seigneur eut le malheur d'être fait prisonnier et se vit contraint
de restituer Ploërmel[3]. Il n'en garda pas moins ses prétentions sur ce domaine, et c'est l'espoir de le recouvrer sans
doute qui jeta son héritier, Pierre de Craon, dans le parti du
baron.

Devant cette levée de boucliers, on conçoit que le duc fût
pris d'inquiétude et que sa pensée se tournât vers la famille
dont son père tirait son origine[4]. La chronique de Saint-
Brieuc suppose qu'il alla demander secours au roi de France,
qui était alors saint Louis. Celui-ci refusa tout d'abord,
attendant que le solliciteur se mît en règle. Le duc, ajoute la
même chronique, ne lui avait pas encore prêté serment et ne
voulait pas le prêter lige comme avait fait son père. Comme
il n'avait pas cependant un moment à perdre, il lui rendit
hommage « les mains jointes et par le baiser », mais sans
s'obliger envers et contre tous, et en substituant au serment
une promesse d'alliance dont le roi dut se contenter. Cette

[1] Arch. abb.
[2] *Hist. de Bretagne.*
[3] *Cartulaire du Morbihan,* 245.
[4] Pierre Mauclerc était petit-fils de Louis le Gros, roi de France.

démarche faite, le suzerain vint en aide à son vassal et lui
fournit un appui qui décida de la victoire[1].

Ces détails ne manquent pas d'intérêt et l'on désirerait
pouvoir y ajouter foi. Par malheur ils n'ont aucun fondement
solide dans l'histoire. Tous les autres documents attestent
qu'au lendemain de la retraite de son père, Jean Le Roux
prêta serment au roi, qu'il se rendit immédiatement à Rennes
pour prendre possession de ses Etats et que ces deux
événements précédèrent la révolte du baron. Ayant rempli
ses devoirs vis-à-vis de son suzerain, le duc pouvait sans
doute, dans une circonstance aussi critique, implorer son
secours; mais il paraît certain que le temps lui manqua
et qu'il se trouva seul engagé dans la lutte. Dans ces conditions, la situation des deux seigneurs n'était pas trop défa-
vorable ; et si leur prudence avait égalé leur audace, s'ils
s'étaient obstinés à se tenir sur la défensive et à défier l'ennemi du haut de leurs remparts, l'embarras de celui-ci n'eût
pas été médiocre ; car, pour les réduire, il eût fallu multiplier
les sièges ; la guerre ainsi faite traînait en longueur, et cette
prolongation, à cause de l'état d'esprit d'un certain nombre
de seigneurs, pouvait exposer à un grand danger l'autorité
ducale. Mais une conduite aussi avisée n'était pas du
goût des rebelles ; elle constituait une lâcheté à leurs
yeux et leur impatience les perdit : « Lanvaux, écrit d'Argentré[2], fut assez hardi de prendre les armes et entrer au
pays du duc et faire quelques efforts et saccagements, et
s'adjoignit à son parti le seigneur et baron de Craon. »
D'après l'historien, on dirait que ce dernier ne se décida
ou n'arriva qu'après le commencement des hostilités.
Dès que leurs forces furent unies, leur confiance s'accrut au
point d'oser se mesurer avec leur adversaire en rase campagne ; mais le succès ne répondit pas à leur attente : « le

---

[1] Dom Morice, *Preuves.*
[2] Histoire.

duc adverti, continue d'Argentré, assembla des gens de guerre et leur courut sus en armes et avec peu d'affaires les défit en campagne et les print prisonniers. » Ainsi ils furent complètement battus, et, pour comble d'infortune, tombèrent aux mains de leur vainqueur, qui profita de l'occasion pour raser les forteresses de la baronnie de Lanvaux[1] et l'unir à son duché[2].

Tous les chroniqueurs sont d'accord sur l'issue de la lutte ; mais aucun n'a déterminé l'endroit où se livra la bataille, de sorte qu'on en est réduit sur ce point à des suppositions plus ou moins fondées. Il est permis de croire que le baron ne s'écarta pas beaucoup des rives du Loch qui constituait en cas de danger pressant une barrière naturelle. Tout en le longeant d'ailleurs, il pouvait exercer les ravages mentionnés par d'Argentré, puisque la rivière borne à l'est la paroisse de Pluvigner dont une partie relevait du domaine ducal. A l'appui de cette supposition, voici une curieuse tradition qui a cours dans le pays. Deux partis ennemis occupaient l'un le *Castel-Guen*, en Brandivy ; l'autre, le *Véniel*, en Pluvigner : deux fortes positions situées presque en face et séparées seulement par la rivière. Tant que la troupe de Castel-Guen se tint derrière ses remparts, elle fut invincible ; mais ayant eu la mauvaise inspiration de les quitter, elle fut totalement défaite et son chef tomba au pouvoir de l'ennemi, qui le dépouilla de tout son patrimoine. N'y a-t-il pas entière conformité entre la tradition et l'histoire ? Ce serait donc dans le voisinage que s'est consommée la ruine du grand seigneur ! Ce qui paraît certain, c'est que le camp en question lui appartenait[3] et que la solidité de ses remparts était de n ature à lui donner confiance.

Non content de confisquer sa seigneurie, le duc s'empressa de mettre en lieu sûr le baron et son complice. Il expédia

[1] *Histoire de Bretagne et archives de Lanvaux.*
[2] *Ibid.*
[3] Tout ce domaine appartenait aux chartreux, héritiers des Lanvaux.

le premier à Suçinio, et le second au Bouffai de Nantes[1].

Combien de temps restèrent-ils en prison ? Jusqu'à la mort, dit la chronique de Saint-Brieuc, *ipsosque usque ad mortem detinuit in suis carceribus*[2]. La chronique fait erreur, du moins en ce qui concerne le seigneur de Lanvaux. Celui-ci vit s'ouvrir les portes de son cachot, à la suite d'un arrangement dont on ignore la date et les conditions. L'arrangement ne s'étendait pas cependant jusqu'au rétablissement de la baronnie, qui demeura confisquée.

Pierre de Rostrenen entra dans cet accord, à titre de complice d'Olivier ou de caution, c'est-à-dire, pour lui avoir donné de l'aide pendant sa révolte ou pour avoir cautionné sa mise en liberté[3]. L'intervention du sire de Rostrenen ne saurait étonner. Des liens de parenté l'unissaient à la famille de Lanvaux ; lui aussi sortait des vieux princes bretons et avait pour armes les *trois fasces de gueules*[4]. Cette commune origine, non moins que la haine qu'ils devaient professer pour le duc, établit entre les deux seigneurs de si étroites relations qu'ils devinrent suspects. A tort ou à raison, Jean Le Roux les accusa de conspirer dans l'ombre et de guetter l'occasion de se venger. Plein de ces idées, il obligea, l'an 1248, quelques chevaliers, entr'autres Eudes de Bodrimont, à lui promettre qu'en cas de rupture de la paix par les sires de Lanvaux et de Rostrenen, ils ne leur fourniraient aucun secours et se rangeraient de son côté contre eux[5].

[1] Chroniques Annaulx (collection de l'église de Nantes) : « quos idem detinuit in carceribus, videlicet dominum de Lanvaux in Succenio et Petrum de Craonio in Bouffedio et confiscavit Lanvaux. » Autres histoires de Bretagne.

[2] Dom Morice, *Preuves*.

[3] *Histoire de Bretagne*.

[4] Ancien Armorial Breton (*Revue de l'Ouest*) A l'abbaye de Langonnet, on voyait naguère le tombeau de Pierre de Rostrenen, où étaient gravées ses armes. *Ibid.*

[5] L. Urvoy de Portzamparc, *Généalogie de la maison de Trogoff*.

Ces mesures de précaution produisirent leur effet. Les deux seigneurs n'osèrent se lancer dans une nouvelle aventures, et Olivier de Lanvaux eut la douleur de voir arriver sa fin sans avoir recouvré ce qu'il avait perdu.

VI

Maison de Lanvaux lors de la confiscation

L'impossibilité de réparer son désastre devait d'autant plus coûter à Olivier qu'au moment même où la ligue des seigneurs l'obligeait à la paix, une assez nombreuse descendance semblait assurer l'avenir de sa maison.

Lui personnellement n'avait eu que deux enfants, Geoffroi et Alain, le premier légitime et le second naturel.

Le fils naturel d'Olivier est qualifié chevalier. Il ne paraît pas avoir été marié ou avoir eu de postérité. On pouvait le croire mort, en décembre 1264, d'après un acte ainsi résumé dans le *Cartulaire du Morbihan*. « Geoffroy d'Hennebont, écuyer, donne à Eon Picaut, chevalier, son gendre, et à ses héritiers, toutes la terre et les droits que Alain, chevalier, bâtard d'Olivier de Lanvaux, avait eus à Saint-Gonneri, à Guellas et ailleurs, en la paroisse de Noyal, par donation dudit Olivier[1]. » Mais il vivait encore en 1265, puisque dans le courant de cette année, il transporta au même Eudon tout ce qu'il possédait dans la vicomté de Rohan, pour huit livres de rente annuelle situées en la seigneurie de Guémené-Théboy[2].

Le fils légitime d'Olivier est connu dans l'histoire sous le nom de Geoffroi d'Hennebont, titre qu'il prit vraisemblablement après la confiscation de la baronnie. Cependant, pour ne pas le confondre avec un autre Geoffroi d'Hennebont, qui est

[1] *Cart du Morbihan*, 322.
[2] Dom Morice, *Pr. I.*

très probablement son fils, nous l'appellerons Geoffroi 1er ou Geoffroi 1er de Lanvaux. Rien no prouve qu'il ait pris part à la révolte de son père ; il n'en a pas moins subi les conséquences du traité qui lui faisait perdre le titre de *baron* et consacrait la déchéance de sa famille. Heureux du moins, s'il eût pu conserver l'héritage maternel ! Mais avait-il été confisqué en même temps que la baronnie ? ou plutôt ne fut-il pas aliéné pour acquitter les dettes contractées à l'occasion de la guerre ? La question n'est pas facile à trancher. Ce qui est certain, c'est que la dot d'Adelice faisait presque entièrement partie du domaine ducal au XIII° siècle, sous le nom de seigneurie de Pontcallec[1]. Il s'intitulait tantôt chevalier, tantôt écuyer[2] ; et cela est très étrange à une époque où le titre de chevalier n'était pas chose indifférente. Né avant le commencement du siècle, il mourut entre le 13 mai 1205 et octobre 1206[3], mais pas sans postérité, comme on l'a cru à tort jusqu'ici. Il avait épousé, vers 1200, Marguerite de Rohan, veuve en premières noces[4] de Raoul Niel, seigneur de la Muce, baron de Bretagne, et il en eut trois enfants : Alain de Lanvaux, Geoffroi d'Hennebont ? et Adelice dite aussi d'*Hennebont*.

Cette Adelice était la femme de Eon ou Eudon Picaut[5], seigneur de Ti-Henry ou Ti-Héry, dont nous avons ci-dessus parlé[6]. Le manoir de Ti-Henry se trouvait en Plouay[7]. Adelice y vint s'établir et dès lors elle s'appelait dame de Ti-Héry, *Adelisia, domina Thiery*, comme le porte un titre de 1261[8]. Les

---

[1] *Bulletin de la Société polymathique* et *Dictionnaire topographique Morbihan*.

[2] *Cart.* 259, 322 ,323,...

[3] *Ibid* 259, 323.

[4] Dom Morice regarde Niel, comme son second mari ; cela paraît moins vraisemblable, d'après le *Cartulaire*.

[5] Lui aussi chevalier et écuyer,(voir le *Cart.* et un *Ancien Armorial breton*

[6] Leur fils s'appelait Guillaume, majeur dès 1278 au moins (*Cart.* 379).

[7] Potier de Courcy.

[8] Un *Ancien armorial breton*. Cette date est peut-être fautive et je crois que c'est 1271 qu'il faut lire.

rapports de Geoffroi avec son gendre ne sont que des arran-
gements de terres ou d'intérêts. C'est ainsi qu'en décembre
1264, il lui donna 60 sous de revenu annuel, dans la paroisse
de Noyal-Pontivy « à tenir de lui et de ses héritiers à titre
d'homme-lige[1]. » Dans une autre circonstance, par un acte
passé devant l'alloué de la vicomté de Rohan, il lui engage
tout le village « tota la villa » et dépendances de Coëtpras-
sur-Oust, en la même paroisse[2], moyennant une somme de
200 livres et 100 sous[3].

Que Geoffroi d'Hennebont soit fils de Geoffroi 1er de Lanvaux,
tout porte à le croire : l'identité du surnom, le fait d'en avoir
hérité, un résumé de sentence qui le déclare catégorique-
ment. Cependant on ne peut le prouver d'une manière authentique. Était-il marié ? On l'ignore. Il vivait encore en
1288, comme on le verra plus tard.

L'aîné de la famille, c'était Alain de Lanvaux à qui échut
l'honneur de continuer la lignée du baron[4]. La femme de ce
seigneur ne figure dans aucun titre. Si l'on s'en rapporte aux
archives de l'abbaye, elle était fille de Rodolphe de Kémors
ou Camors[5], de qui dépendaient de grands domaines contigus
au parc de Lanvaux[6].

Dans un acte de 1266, daté de Pontivy, Alain se qualifie
seigneur de Lanvaux, *dominus de Lanvaux*[7]. En faisant
abstraction de ce qui précède, ne dirait-on pas qu'à cette date
la baronnie existait encore ? Ce qui confirmerait cette manière
de voir, c'est que, deux ans auparavant, le même Alain
donnait à l'abbaye fondée par ses ancêtres le village de Ker-

---

[1] *Cart.* 322.
[2] *Coëtpras*, aujourd'hui en *Guëltas*, diocèse de Vannes.
[3] *Id.* 323.
[4] *Id.* 297.
[5] *Arch. abb. de Lanvaux*, passim.
[6] Dom Morice, *Preuves* I. On peut citer les terres de Mériadec, Kerlagadec,
Kermovano, lande et bois de Lanvaux.. Rodolphe avait un fils aîné du nom
de Guillaume, et si l'on en croit les archives, un autre fils nommé Henri.
(*Ibid.* et *Arch. départ.*).
[7] *Cart.* 297.

naleguen en Remungol, par une charte datée de la Forôt, *apud Forestam*[1], nom sous lequel depuis longtemps, dès ce temps-là peut-être, on désigne le château de Lanvaux. Cette opinion, on n'ose pas cependant la soutenir ; les textes sur lesquels elle repose ne sont pas assez précis, et les témoignages des historiens de Bretagne y sont trop opposés.

Du moins est-il vrai qu'à la même époque Alain de Lanvaux possédait des biens aux alentours, et au centre même de la baronnie ; que Guillaume de Baud, en cédant à l'abbaye de Lanvaux, le 29 juillet 1269, des terres qu'il avait en Pluvigner, prend soin d'ajouter : « sauf le droit d'Alain de Lanvaux, suzerain de ces domaines[2] » Trois ans plus tard, Tanguy le Blanc et Julienne son épouse donnent à la même abbaye quatre sols de monnaie courante qu'ils déclarent assis en Grand-Champ, sur le fief d'Alain de Lanvaux, *in feodo domini Alani de Lanvaux*[3]. La confiscation avait donc épargné quelques domaines en ces deux paroisses.

Le désastre subi par la noble famille, si sensible qu'il fût, ne la fit pas tomber au dernier rang. En 1269, Jean de Bretagne, comte de Richemont, sollicite du roi d'Angleterre, Henri III, en vue d'un voyage d'outre-mer, l'autorisation d'engager pour 2000 marcs ses terres de Richemont. Sa demande lui est accordée à condition que s'il vient à mourir pendant l'expédition, alors même que ses enfants seraient mineurs, les créanciers jouiront des terres engagées jusqu'à l'entier remboursement du capital. Or, au nombre des seigneurs qui ont souscrit cet acte, figurent Alain de Lanvaux et son fils Geoffroi[4].

L'honneur de figurer en pareille circonstance ne les consolait pas des pertes encourues, et toute occasion leur était bonne pour en témoigner de l'humeur. De là sans doute, en

[1] *Cart.* 321.
[2] — *Cart. du Morb.* 302.
[3] — *Ibid.* 314.
[4] — Dom. Lobineau. *Preuves.*

1269, un procès contre Alain de Trógarantour[1], recevour des terres confiquées de Lanvaux[2] ; et, dans le courant de l'année suivante, une nouvelle querelle, à moins que ce ne fût la continuation du même litige, qui se termina par un traité de paix :

« A tous ceux qui costes présentes lettres verront et oront, Geffroy de Lanvaux, chevalier, saluz en Nostre-Soignor. Sachez que nous avons juré sur les seintes évangiles servir le comte de Bretaigne byans et loyaumont à nostre poer, et li bailler mes lettres scellées en nostre scel et uscel à nostre chier pore d'une convenance qui est divisée entre nous d'une part et les maistres au dit duc de l'autre au recort de Monseignour Guillaume de Lohéac, chevalier et de Hervé de Boulo- ville, sénéchal de Ploërmel et de de Hamen Chenu, esquier, et de Guillaume Le Clec de Kemperlé, e en garantie de ce donasmos audiz maistres costes lettres scellós de notre scel[2] »

Lorsque cet acte « fut donné le samedy emprès la Trinité l'an de grâce » 1270, Alain de Lanvaux avait cessé de vivre. Outre Geoffroi, il laissait Jean et Thomasse[4]. On ne connaît pas le sort de Jean, qui est peut-être le même que Nicolas de Lanvaux. Thomasse se maria à Henri de Bodrimont[5], et Geof- froy, à Tiphaine de Rohan[6].

---

[1] — Marquis de L'Estourbeillon, la *Noblesse de Bretagne*.

[2] — *Dom Lobineau*, dont voici le texte : « en 1268 Denis de Vannes et en 1269 Alain de Trégarantour comptèrent avec le duc pour les revenus de la terre d'Alain et Geoffroy de Lanvaux »

[3] — *Ibid. Pr.*

[4] — *Cart.* 343.

[5] — Dom Morice, *Histoire de Bretagne*.

[6] — *Cart.*

VII

RELATIONS DES MAISONS DE LANVAUX ET DE ROHAN

Le mariage de Geoffroi II de Lanvaux avec Tiphaine de Rohan était la seconde alliance survenue depuis le commencement du XIIIᵉ siècle entre les deux familles. Egales par la naissance, elles l'étaient aussi, sinon par l'importance des domaines, du moins par la possession des mêmes privilèges, et cette égalité s'étendait jusqu'à les rendre réciproquement vassales et suzeraines l'une de l'autre.

Le vicomte de Rohan possédait quelques biens dans le fief de Lanvaux, par exemple, à Pluvigner. Par le fait, il tombait sous la dépendance du baron et lui devait hommage[1]. De son côté la maison de Lanvaux avait de grands domaines dans la vicomté de Rohan. Pour ces différents domaines et pour tous ceux qui pourraient lui échoir à l'avenir, Geoffroi Iᵉʳ se déclara, en 1228[2], l'homme lige du vicomte. Geoffroi II approuva cette déclaration en 1258[3]; et, en 1266, Alain de Lanvaux, fils du premier et père du second, la confirma de son autorité et la scella de son sceau, à Pontivy[4].

Cette déclaration est très explicite et fait voir jusqu'où allaient les devoirs de vassalité. Les seigneurs de Lanvaux s'engageaient en leur nom propre et au nom de leurs héritiers, à ne jamais établir des foires et des marchés sur le territoire de Rohan, ni à creuser des étangs, à construire des canaux, à entourer de murs, de fossés et de palissades, aucune de leurs habitations[5]. Ces divers privilèges, les grands seigneurs

[1] *Arch. abb. de Lanvaux.*
[2] *Cartulaire du Morbihan,* 259.
[3] *Ibid.* 297.
[4] *Ibid.*
[5] *Ibid.*

les réclamaient, il est vrai, vis-à-vis de leur suzerain, le duc
de Bretagne, mais on voit qu'ils les refusaient à leurs propres
vassaux, alors même que ces vassaux appartenaient aux premiers rangs, comme les seigneurs de Lanvaux.

Il paraît cependant que ces derniers avaient essayé de se
soustraire à des devoirs aussi onéreux ; puis les deux parties
finirent par conclure un arrangement et par aplanir du
même coup les difficultés qui s'étaient élevées au sujet de la
mangerie de *Borgeel*[1]. On appelait ainsi les maisons sujettes
envers le seigneur aux redevances de l'hospitalité et de la
table. Or le vicomte de Rohan revendiquait le droit de se faire
héberger à Borgeel, une fois l'an, avec toute sa suite. Les seigneurs de Lanvaux, à trois reprises différentes (1228, 1258,
1260), le lui reconnurent, et, pour en faciliter l'exercice, ils s'o-
bligèrent à ne jamais transformer cette demeure en forteresse.
Le duc de Bretagne devait garantir la convention passée à
ce sujet, et, à son défaut, le roi de France, *dominus noster,*
illustris rex Franciæ[2].

Outre ces relations de vassal à suzerain, les deux familles
avaient encore des relations d'intérêts. C'est ainsi que dans
le même acte dont il est question ci-dessus, Geoffroi Ier cédait
au vicomte de Rohan, pour 20 livres de revenu annuel, une
localité nommée *Branguily* et une terre dite du *Pont de Pontivy*. Le revenu fut payé pendant longtemps sans difficulté.
Puis le vicomte se mit à reculer ; des discussions s'élevèrent ;
et, pour avoir la paix, Geoffroi II de Lanvaux libéra le débi-
teur de son obligation. Poussant plus loin la générosité à
son égard, il lui abandonna tous les droits seigneuriaux qu'il
possédait dans la paroisse de Noyal sur des domaines précé-
demment aliénés[3]. (20 mai 1270)

Ces domaines avaient été acquis, trois ans auparavant, sur

---

[1] Borgeel manoir situé peut-être en Remungol, où il y avait jadis une seigneurie dite Bourgerel.
[2] *Cart.* 259, 297.
[3] *Ibid.* 343.

Geoffroi, dit d'*Hennebont*. Voici à quelle occasion. Ce seigneur avait emprunté 300 livres au même vicomte, lequel, en homme pratique avait retenu pour gages « les trois *brenz* ou *breuz* de Pombezu, de Steflou et de Quoitcastel et la terre sur laquelle ils étaient assis, consistant en bois, terres, landes, eau et plaine ». Ne pouvant recouvrer son argent, Alain de Rohan fit mettre les gages en vente devant la cour ducale de Ploërmel, et personne n'étant venu à la bannie, ils lui furent adjugés par sentence de la sénéchaussée de la même cour[1] (1207).

Dans une autre circonstance, encore à court d'argent, le même Geoffroi d'Hennebont avait dû engager tous ses biens de Noyal et de Saint-Gonori, pour une somme de 1107 livres que lui avait encore prêtée Alain de Rohan. On était en outre convenu que le prêteur serait remboursé de tous les frais et dommages qu'il éprouverait au sujet de ces biens et qu'il appartiendrait à lui seul, sans autre garantie que sa parole, d'en fixer le montant. Il les évalua 266 livres, de sorte que le total s'élevait à 1431 livres. Comment le seigneur d'Hennebont aurait-il pris sur lui d'acquitter une dette aussi considérable ? Il n'y songea probablement pas. Aussi laissa-t-il mettre en vente tous les biens qu'il possédait en Noyal et en Saint-Gonnory, devant la cour ducale de Ploërmel. Dans le nombre, le sénéchal choisit, jusqu'à concurrence de cent livres de rente, ceux dont les noms suivent: le village de Gueltas, avec ceux de *Coëtpras*, *Hilvern*, *Bajus*, *Kermelin* et *Ville-Perot* dans la même frairie; la *Villepain*, le quart du seigle du moulin de *Tremuzon*, et le *Bois-Robert*, en Saint-Gonnori ; *Bezbet*, *Rongoet* et le bois de *Dervoëdou*, en Noyal-Pontivy, y compris bien entendu leurs diverses dépendances. Personne ne s'étant présenté pour les retenir à titre de parent ou pour toute autre raison, le sénéchal les adjugea au vicomte « en pur et perpétuel héritage, *in puram et perpetuam hereditatem*[2]. » (septembre 1270).

[1] *Cart.* 335.
[2] *Cart. du Morbihan*, 342.

Geoffroi d'Hennebont se livrait donc à un véritable gaspil-
lage. Eudon Picaut et sa femme Adelice ne paraissent pas
non plus avoir pratiqué l'économie. On ne voit pas cependant
qu'ils aient fait des emprunts aux Rohan ; mais, en revanche,
ils leur ont vendu beaucoup de biens. En 1271, Geoffroi de
Rohan achète à Adelice tous ses droits sur plusieurs tenues
énumérées dans l'acte de vente pour la somme de 200 livres
monnaie[1] ; en 1273, les deux époux interviennent pour céder,
au vicomte de Rohan, les villages de *Manguidi* et de *Keren-*
golen, sis en la paroisse de Saint-Suliau, diocèse de Quimper,
pour le prix de 172 livres 3 sols monnaie[2] ; en 1278, Eon Picaut, avec le consentement de son fils aîné Guillaume, vend
à Jocelin de Rohan, fils du vicomte, pour 20 livres, tout ce
qui lui appartenait au village de Kerjean, *in villâ Joannis*,
en Noyal-Pontivy[3].

C'est ainsi que le besoin d'argent se faisait continuellement
sentir parmi les seigneurs de Lanvaux. Pour y faire face, il
fallait bien recourir à des ventes ou à des emprunts. Ce qui
revenait au même, car les divers emprunts contractés par
eux se résolvaient en aliénations de domaines. Quant aux
Rohan, rien les embarrassait ; ils étaient toujours disposés à
à prêter de l'argent, sans tenir compte du chiffre ; ou à acheter
des terres, quelle qu'en fût la valeur. Aussi pendant que ceux-
là déclinaient, ceux-ci s'élevaient sans cesse, et cette diver-
gence de fortune ou d'intérêts s'accrut encore des suites
d'une malheureuse guerre, qui mit inopinément les deux
familles aux prises.

---

[1] *Inventaire des chartes, titres concernant la Famille de Rohan* (Généalogie des Trogoff.
[2] *Ibid.*
[3] *Cart.* 379.

VIII

LUTTE DE LANVAUX ET DE ROHAN.

Cette lutte fut provoquée par la rancune ou la présomption de Geoffroi de Lanvaux, fils d'Alain et arrière petit-fils d'Olivier. Il avait pourtant juré, en 1270, ainsi qu'on l'a vu, de servir le duc « byans et loyaument, à son poér[1]. » Mais la situation déchue de sa famille ne cessait de lui peser ; il aspirait vivement à la remettre en son rang, et, comme les moyens pacifiqués n'avaient aucune chance de succès, il tenta le sort des armes.

Cette nouvelle levée de boucliers n'était pas de nature à inquiéter le duc. Depuis son avènement au trône, son influence n'avait fait que grandir ; et, de plus, les Lanvaux n'étaient plus ce qu'ils étaient autrefois, la confiscation de la baronnie et les ventes qui l'avaient suivie ayant notablement diminué leur puissance. Celle-ci paraissait tellement réduite que Alain VI, vicomte de Rohan, revendiqua l'honneur personnel de ramener Geoffroi à son devoir. Cette initiative lui appartenait à un double titre : d'abord il était suzerain du rebelle qui avait beaucoup de biens dans la vicomté ; puis, il devait avoir à cœur de répondre à un acte passé par le duc en 1231. N'étant encore que mineur, Jean Le Roux s'était obligé, sur les saints Evangiles, de défendre, « contre toute créature qui peut vivre et mourir », Alain V de Rohan et ses héritiers[2]. Est-ce que la reconnaissance n'obligeait pas Alain VI, fils du précédent, de prendre à son tour la défense du duc ? Cependant, dit le proverbe, défiance est mère de sureté, la politique est versatile et on ne saurait trop se garantir contre

[1] Dom Morice, *Preuves*, I ; Dom. Lobineau, *Pr. coll. 301.*
[2] *Cart. du Morbihan*, 202.

toute éventualité. Avant de commencer la lutte, le vicomte
exigea la promesse solennelle qu'aucun accord ne serait fait
avec le rebelle sans son consentement. Voici en quels termes
la promesse du duc était conçue : « A touz ceulx qui verront
ou oront cestes présentes lètres Jehan duc de Bretaine saluz
en nostre Seignor. Sachent touz que, comme Alen, vicomte de
Rohan, nostre féal et nostre ami, eust enpris guerre contre
Jéfroy de Lanvaus, chevalier, par nos lequel Jéfroy nos
guerroiot, nos avons graié et otroié à icelui Alen viconte,
que nos ne nos hoirs, ne ferons péz o celuy Jefroy ne à ses
hoirs, senz le consentement et senz la volonté au dit viconte
ou à ses hoirs. Ce fut doné à Venes, le jor de samedi après
la sente croiz en septembre, en l'an nostre seignor mil
CCLXXII. »[1]. (16 septembre 1272).

Ce texte prouve avéc évidence qu'il y eut de réelles hostilités, mais elles furent fatales à Geoffroi. Avant la fin de 1273,
le seigneur de Lanvaux fut contraint de se soumettre et de
payer au duc une forte indemnité[2]. Celle-ci dépassait les ressources pécuniaires du malheureux Geoffroi. Jean Le Roux
ne lui en fit pas grâce cependant, et pour la recouvrer, il fit
vendre tous les biens que le vaincu possédait, à un titre quel-
conque, dans les paroisses de *Melrand*, *Remungol* et *Moréac*,
sauf les bois de l'*Evel*[3] et de *Galvroud* en Remungol, et le fief
de Nicolas de Lanvaux. Les bannies étant faites dans la cour
de Rohan et aucun parent n'ayant fait opposition, le duc ordonna de les estimer et de les adjuger, pour 3115 livres, au
seigneur de Rohan, qui les réclamait en qualité de suzerain
(1273)[4].

Geoffroi restant encore dans les dettes du duc « por une
somme de peccune au laquelle iceluy Geffray nos estait

---

[1] *Cart.* 354 qui dit 1273, dom Morice et autres disent 1272. Je préfère
cette dernière date.

[2] *Cart.* 355.

[3] La rivière de l'Evel arrose Remungol.

[4] *Cart.* 355.

tenuz de bone dete et loyal », une nouvelle vente se fit l'année
suivante ; mais cette fois elle n'atteignit pas seulement
quelques localités ; elle porta sur tous les biens qui lui appartenaient dans la vicomté de Rohan « au feu gentil et au
domaine[1] », excepté l'achat de Pierre de Kergorlay et la dot
de Thomasse, sœur de Geoffroi[2]. Aucun acquéreur ni réclamant ne s'étant encore présenté, ils devenaient l'héritage du
duc ; mais le vicomte ayant requis « humiliaument que nos
li lessissions, paiant nos tant comme ladite chose vausit, à
loyal avenantement[3] », le duc les lui abandonna pour 4000 l.[4].

Voilà donc 7115 livres, somme énorme pour ce temps-là,
qui passent dans le trésor ducal aux dépens du vaincu. Tant
d'aliénations avaient abattu les Lanvaux, qui n'osèrent plus
rien tenter contre leur suzerain. Restait l'autre adversaire,
cet Alain de Rohan dont le patrimoine s'était constamment
enrichi de leurs dépouilles. Ils ne manquèrent pas une occasion de lui chercher querelle, non plus sur les champs de bataille où la fortune les avait trahis, mais sur le terrain com-
pliqué de la procédure, avec l'espoir de reconquérir la situation perdue.

IX

Procès de Lanvaux et de Rohan.

Geoffroi II n'eut point de part à cette initiative. Etait-il,
comme le suppose le vicomte de Portzamparc, malade de
corps et d'esprit, et dans état qui le réduisait à l'impuis-
sance ? La conjecture n'a rien d'invraisemblable. Il est certain qu'il ne survécut pas longtemps à sa défaite, puisque,

[1] En fief noble et en héritage propre.
[2] Quelques-uns regardent Pierre de Kergorlay comme l'épouse de Thomasse
de Lanvaux ; le texte ne le dit pas.
[3] Estimation.
[4] *Cart.* 359.

avant la fête de saint Mathias 1278, il était « décédé dans la paix du seigneur[1]. »

Geoffroi avait cinq enfants : Alain, Guillaume, Johan, Raoul et Geoffroi[2]. Tous étaient mineurs à la mort de leur père, et se trouvaient en cette qualité sous la dépendance d'un conseil où dominait l'influence des Rohan. Aussi ne prit-on pas grand souci de leurs intérêts. Les Lanvaux n'avaient pas renoncé cependant à leurs revendications ; mais pour les faire valoir, ils attendaient le moment favorable, et sans doute ils ne le croyaient pas venu, tant que vivrait Jean Le Roux, le fléau de leur famille. Ce qui donne un certain fondement à cette supposition, c'est que, le duc mort en 1286, aussitôt un triple procès fut intenté au vicomte de Rohan, par Tiphaine, Geoffroi d'Hennebont et les enfants de Tiphaine, dont l'aîné au moins avait atteint sa majorité.

Tiphaine, veuve de Geoffroi, était une Rohan ; elle n'avait nulle envie pour cela de sacrifier à son parent ses droits. Elle paraît même avoir commencé le feu, en réclamant son douaire, et elle le réclama non seulement sur les biens que son mari possédait à sa mort, mais encore sur tous ceux qui lui avaient jadis appartenu et que la confiscation avait frappés. C'était s'en prendre directement au vicomte qui s'en était rendu acquéreur. La cour ducale trouva peu fondées les prétentions de Tiphaine. Néanmoins, par amour de la paix, elle ordonne que le vicomte de Rohan « donc et otrie à rendre à Téphaine par checun an, le jor de la feste de Saint-Michel en Monte-Gargane, par aumosnes ó par pitié ó par tote demande ó réson de doère ó de donoison por noces que ladite Téphaine fesait ó poet faire... quarante livres de monnoie corante à la vie à ladite Téphaine, en tant qu'elle vivra, par checun an à Pontivy. » 25 octobre 1288?

Geoffroi d'Hennebont entra également dans la lice. Avait-il quelque raison de compter sur la bienveillance du nouveau

[1] Dom Morice. *Pr. I.*
[2] *Cart.* 445.

duc ? Ou voulut-il simplement par acquit de conscience, avant
de descendre dans la tombe, tenter un dernier effort en faveur de sa famille ? Quelque soit le motif qui poussait le vieil-
lard, il demanda la rétrocession de tous les domaines qu'il
avait jadis possédés dans la paroisse de Noyal, et surtout des
« breuz de *Pembezu*, de *Stéziou* ó de *Quoelcastel*... » aussi
bien que de « toutes les terres ó les droitures lesquels le père
et la mère doudit Jouffroy avaient ou ou pooaient avoir ou
par quelque raison, en quelque lieu en la vicontée de Rohan... » Le débat fut porté devant la cour de Ploërmel, qui
ne réussit pas à le trancher ; et, de Ploërmel au parlement de
Bretagne, qui se tenait à Nantes en janvier 1288. Les raisons
alléguées de part et d'autre furent attentivement examinées ;
celles de Rohan parurent les plus fortes et Geoffroi perdit son
procès : « de consseill de prodes giens jugâmes... présentes
lesdites parties, que toutes les choses dessus-dites ó chesq-
uune d'oules doivent demorer ó demorent audit viconte ó à
ses hoirs à touz jourz mais à perpétuel óritage et que ledit
Jófroy ne les siens n'i poent jamais metre content ne riens i
réclamer ne demander à nul tens. » Voilà la sentence ! Geoffroi jura de s'y soumettre « e non alór en contre » pour lui et
pour les siens, « corporaulment sus les seinz euvangiles[2]. »

Cet échec fut sans doute très sensible à Geoffroi d'Hennebont ; il ne le fut pas moins aux enfants de Tiphaine. Ceux-
ci ne perdiront pas courage et bientôt les hostilités reprirent
à la cour de Ploërmel avec une nouvelle ardeur. Le vicomte
de Rohan ne voulut rien céder. Il prétendait qu'il était ga-
ranti par la Coutume de Bretagne, « laquelle coutume ledit
viconte disait qui estait tele que tout home qui achate en
Bretaigne de seisi et possiet an et jour en paix par titre d'a-
chat est deffendu des présenz et des absenz. » Et il montrait
les lettres patentes du duc, Jean Le Roux. — Alain de Lanvaux répondait que le vicomte avait promis à son père et à

[1] *Cart.* 119.
[2] *Ibid.* 423.

son aïeul que s'il acquérait quelqu'une de leurs terres par
quelque voie que ce fût, il les leur rendrait à eux ou à leurs
héritiers, « pour contant des levées et rabatant ce qu'il en
aurait levé et en paiant le parsommet, et que ils li en avaient
relaissié et quittée leur demande et leur rayson dau manoir
dou *Griffet* et de la paroisse de *Pleouc* o leurs apartenances. »
Ces assertions n'avaient qu'un défaut : elles ne pouvaient se
prouver. Aussi la cour de Ploërmel rendit-elle son jugement
en faveur du vicomte !

Cette sentence ne servit qu'à exaspérer Alain de Lanvaux.
Dans sa fureur contre le vicomte, il l'accusa « de parjureté et
de trahison », et finalement lui envoya un cartel. Alain de
Rohan, tout vieux et cassé qu'il était, se mit à ses ordres.
Mais leurs amis communs ne l'entendaient pas ainsi ; ils s'in-
terposèrent entre les deux adversaires et leur firent jurer sur
les saints évangiles « de tenir haut et bas » ce que le duc
déciderait. Après une enquête sur tout ce qui précède, ayant
constaté « l'estat doudit vicomte et la nonoissance de son
cas », le duc annula et mit « ledit appiau, ledit gage et ladite
bataille à noiant dou tout en tout » et en ôta « tout ley et toute
villenie d'une part et d'autre », adjugea les terres en question au vicomte et à ses hoirs à perpétuité, confirmant tout
ce qu'avait fait à cet égard Jean 1er, son père,[2].

Cette décision est du 1er juillet 1208, et datée de « Pemur
jouste Muscillac ». Prévoyant qu'elle ne rétablirait pas la paix,
le duc résolut d'offrir une compensation à la maison de Lanvaux. Cette maison avait tant souffert des guerres et des
procès qu'il en eut pitié. Donc, trois jours après, par de nouvelles lettres datées du « mercredi prochain après la feste
des apôtres seint Pierre et seint Paul », il ordonna que le
vicomte lui paierait à lui duc, en trois termes, à la Saint-
Michel au Mont-Gargan, une somme de trois mille livres.
Alain de Rohan y consentit et consentit de plus que cette

[1] *Cart.* 445.
[2] *Ibid.*

somme fût retournée à la partie adverse[1]. Alain de Lanvaux, en présence de ses quatre frères, se déclara satisfait, et dans la suite les deux familles vécurent en bonne intelligence[2].

X

DISPERSION DE LA MAISON DE LANVAUX

Cette décision, si favorable qu'elle fût à la maison de Lanvaux, ne lui rendait pas son premier éclat. Les enfants de Geoffroi devaient y trouver cependant un certain soulagement au sein de leur dispersion devenue, depuis plusieurs années déjà, un fait accompli. Alain s'était établi à *Trogoff*, Guillaume à *Beaulieu*, et les autres on ne sait où.

Le manoir de *Trogoff* était situé en Plouégat-Moysan, diocèse de Tréguier, aujourd'hui département du Finistère. Alain de Lanvaux en a été le premier seigneur connu ; et comment arriva-t-il à posséder cette châtellenie ? Probablement en épousant l'héritière de la maison. Dans son *Histoire des Rosmadec*, Vulson de la Colombière écrit en effet : « Trogoff une des anciennes et bonnes maisons de la province et d'ancienne chevalerie, et même est sortie d'un puisné de la baronnie de Lanvaux, qui ayant épousé l'héritière de Trogoff on prit le nom retenant les armes avec un lambeau que ses descendants ont tousiours porté[3] ».

Cette seigneurie n'avait qu'une importance de second ordre Pendant qu'à l'ost du duc, en 1204, le seigneur de Malestroit fournissait un chevalier ; celui de Largouet, quatre ; celui de Rieux, cinq, celui de Rohan, cinq[4] ; le sire « de Tuogouff dit qu'il

[1] *Cart.* 446.
[2] Dom Morice, *Hist. de Bretagne*.
[3] L. Urvoy de Portzamparc, *Généalogie des Trogoff*.
[4] *Cart. du Morbihan* 434 435.

soulait devoir demy chevalier[1] », pour la terre dont il portait
le nom.

Ici se présente une grave difficulté. Le sire de Trogoff dont
il est question ci-dessus, a gardé la devise de sa maison *tout
franc*[2], et il en a aussi gardé les armes, *d'argent à trois fasces
de gueules* ; mais il les a brisées d'un lambel et il est qualifié
couramment de puisné ou de juveigneur, tandis que Alain de
Lanvaux, fils de Geoffroi, est certainement un aîné ! Comment
expliquer tout cela ? L'explication a paru impossible à quelques
historiens[3], qui sont partis de là pour déclarer que le sire de
Trogoff avait pour père Jean ou Nicolas, frère cadet de
Geoffroi. Seulement ils l'affirment, sans preuves, et dès lors,
en dépit de la contradiction qu'ils relèvent, jusqu'à ce qu'on
oppose un document qui tranche la question en leur faveur,
continuons de croire avec Potier de Courcy, Kerdanet et V.
de Montifault, qu'Alain de Lanvaux, sire de Trogoff, était
l'aîné des cinq fils de Geoffroi.

De Alain de Lanvaux, il n'est fait mention qu'une fois au
XIVe siècle. C'est en 1314, lors d'un échange où il « donne
ce qu'il a ès les paroisses de Savenay et Laval, jadis femme
de feu Henri de Bodrimont, pour ce qu'elle a ès les paroisses
d'*Estival*, de *Cléguéruec*, de *Méoulguenec*, de *Reuzi* et de
Guacir[4]. » Ces dernières paroisses étaient beaucoup plus à
sa convenance que le lot qu'il échangeait avec la dame de
Bodrimont, sa tante.

Alain eut un fils, « noble et puissant Pierre de Trogoff,
seigneur chastelain de Trogoff, Callac, etc., capitaine de Bor-
deaux[5]... Pendant la guerre de succession[6], il tenait le parti

---

[1] Potier de Courcy, *Nobiliaire de Bretagne. Généalogie des Trogoff.*

[2] C'est l'antique devise des barons ; à une époque très rapprochée de nous,
les Trogoff y ont substitué *tout du tout*, des seigneurs Coëtmen du Boisgue-
zenec, qu'ils portent encore aujourd'hui (*Généalogie des Trogoff*).

[3] Ce sont MM. de Trogoff de Kerelleau, dans un manuscrit généalogique
longtemps conservé dans la famille et Vitou de Saint-Alais, dans son *Nobiliaire
universel de France.* (*Généalogie de Trogoff*).

[4] Dom Morice, *Preuves.*

[5] Généalogie de Trogoff.

[6] *Ibid.*

de Charles de Blois et vit sa terre confisquée par Montfort, qui l'engagea au roi d'Angleterre, Edouard III[1]. Duguesclin reprit le château en 1364[2], et le ruina de fond en comble. Au XVIIe siècle, un nouveau château a été construit à 100 mètres environ de l'ancien, qui n'avait pas été relevé[3].

Yvon de Trogoff, fils du précédent, mourut le 22 juillet 1400. De son mariage avec Marguerite de Léon, il eut sept enfants : Bertrand, Alain, Pierre, Jean, Jeanne, Marguerite et Catherine. Les quatre seigneurs fondèrent des branches spéciales, dont quelques-unes existent encore[4].

Le château de Beaulieu, en Bignan, diocèse de Vannes, où se réfugia Guillaume[5], appartenait aux Lanvaux, qui avaient de grands biens dans cette paroisse. Contrairement à la branche aînée qui laissa tomber le nom de *Lanvaux* pour prendre celui de *Trogoff*, les descendants de Guillaume conservèrent toujours leur nom patronymique. Cette tige a produit un célèbre personnage, Olivier de Lanvaux, qui a rempli des charges importantes au commencement du XVIe siècle. En 1502, on le trouve secrétaire de la reine[6] ; en 1507, conseiller en la cour des comptes et maître des requêtes à la chancellerie de Bretagne[7] ; en 1510, réformant conjointement avec Guillaume Le Bigot, les domaines dépendant de la juridiction de Rhuys[8] ; en 1512, inspecteur de la flotte que le duc se prépare à lancer contre les Anglais[9] ; en 1516, achetant la seigneurie de Broel, au bourg de Pluvigner, pour la donner à l'abbaye de Lanvaux en échange d'autres terres situées en Bignan et en Moustoir-Radenac[10] ; enfin sénéchal de Donges

[1] Potier de Courcy et *Généalogie de Trogoff*.
[2] *Ibid*, Voir dans le *Barzas-Breis*, la Filleule de du Guesclin.
[3] *Ibid*.
[4] *Ibid*. Voir la *Généalogie de Trogoff*, en cours de publication.
[5] Cela d'après un homme compétent en ces matière. Quant à moi, je n'ai trouvé aucun titre qui renseigne à cet égard.
[6] Potier de Courcy, *Nobiliaire de Bretagne*.
[7] Cour des comptes, série B.
[8] *Ibid*.
[9] Dom Morice. *Hist. de Bretagne*.
[10] *Arc. abb. de Lanvaux*.

et de la cour ou baronnie du Pont[1]. Si l'on ajoute que du même seigneur ou de son fils relevaient les châteaux de *Cléio-Blanchard*[2], en *Mauron* ; de *Kerauffret*[3], en *Bignan* ; de *Brenouel*[4], en Moréac ; de *Talanforest*[5], en Plumelin... on sera forcé de convenir qu'avec un nouveau lustre la noble famille était encore parvenue à posséder beaucoup de biens.

Olivier de Lanvaux mourut en 1518. Sans qu'il soit nécessaire de signaler la suite de ses descendants, tirons cependant de l'oubli François de Lanvaux, mentionné, en 1572, comme chevalier de l'ordre du roi[6]. Dans la première moitié du XVII° siècle, la maison tomba en quenouille. Une demoiselle de Beaulieu, en épousant Arthus de Cahideuc, transmit à ce seigneur le domaine dont elle était héritière. Sébastien de Cahideuc, leur fils, vendit cette seigneurie à Pierre de la Chesnaye, qui la vendit à son tour à un sieur de la Touche[7].

Il y avait des Lanvaux ailleurs qu'à Beaulieu, dans le diocèse de Vannes. En 1530, les seigneurs de *Penvernitz*, en Kervignac, et de la *Haie-Kerdaniel*, en Bignan, étaient Yves Péro et Jeanne de Lanvaux ; en 1601, N. de Parceval, seigneur de Bonin, épousait Charlotte de Lanvaux, fille de Pierre, écuyer, seigneur de Saint-Thibaud[8]. Il serait possible de signaler d'autres Lanvaux au XVII° siècle, mais il n'est pas certain que l'on en puisse citer au-delà. Je veux dire que ce siècle est probablement la date extrême à laquelle il en est fait mention.

Pendant que la noble famille se dispersait ainsi loin de son lieu d'origine, que devenait la baronnie après sa confiscation ? C'est ce qui reste à examiner.

[1] Cour des comptes, série E.
[2] Acheté, en 1513, à Henri Doguet par Pierre de Lanvaux, père d'Olivier. (*Arch. départ., manuscrits de M. Galles*).
[3] *Ibid.*
[4] *Ibid.*
[5] *Ibid.*
[6] Potier de Courcy, *Nobiliaire de Bretagne*.
[7] Manuscrits de M. Galles. *Arch. de Beaulieu.*
[8] Manuscrits de M. Galles.

XI

MORCELLEMENT DE LA BARONNIE DE LANVAUX

La baronnie ne resta pas pour toujours annexée au domaine. Les ducs de Bretagne firent de ses dépouilles un noble usage, en les consacrant en très grande partie, à mesure que les circonstances se présentaient, à des œuvres ou fondations pieuses.

L'exemple à cet égard fut donné, dès 1250[1], par Jean Le Roux lui-même, qui pratiqua le premier morcellement en faveur de l'abbaye de Lanvaux, dont la situation se trouvait compromise par la défaite du baron. A en croire les moines, le duc leur confirma la jouissance du fief de haute justice, au bourg de Pluvigner, qu'ils prétendaient avoir reçu de leur fondateur, Alain de Lanvaux[2]. Il leur en accorda un second, à Bieuzy, aux portes mêmes du monastère, et les gratifia de beaucoup d'autres biens[3]. Cette munificence de Jean Le Roux à l'égard de l'abbaye a donné droit à un historien de s'écrier : *Amplissime dotatur per Johannem Britanniæ ducem ex bonis baroniæ de Lanvaux* ; Jean, duc de Bretagne, l'a dotée magnifiquement des dépouilles de la baronnie de Lanvaux[4]. D'autres en ont pris occasion pour le célébrer à l'égal d'un fondateur. D'Argentré n'a pas craint de prononcer le mot : « la baronnie fut appliquée à la *fondation* d'une abbaye de ce nom de Lanvaux[5]. »

Ce démembrement laissait presque intact le fief principal de la seigneurie. Vers la fin du XIVe siècle, Jean de Montfort lui trouva une destination.

Pour remercier Dieu et saint Michel de la victoire qu'il avait remportée sur Charles de Blois, le comte de Montfort bâtit une chapelle sur le champ même de la bataille, et y mit

[1] Congelin, *Histoire de l'ordre de Cîteaux.*
[2] *Arch. abb. de Lanvaux,* 2.
[3] *Ibid.* 2.
[4] Congelin, *Histoire de Cîteaux.*
[5] *Histoire de Bretagne.*

huit chapelains chargés de prier à son intention, à l'intention
de ses prédécesseurs et successeurs, et de ceux qui avaient
péri dans la sanglante journée. Pendant plusieurs années,
« les chapelains n'eurent aucune pension fixe et certaine, le
duc leur faisait donner quelque chose par les officiers, puis
ils allaient cueillir ou quêter sur ses terres, surtout sur celles
de la baronnie de Lanvaux. Une valeur de 600 livres leur
était ainsi accordée[1]. » Désireux d'assurer sa fondation, le
duc leur assigna, le 16 février 1382, une rente annuelle de
600 livres à prendre, en attendant leur assiette définitive :
200 sur la châtellenie et forêt de Lanvaux ; 200 sur celle
d'Auray, et 200 sur celle de Vannes[2].

Cependant, dit un bon chartreux[3], « les chanoines n'étaient
pas tranquilles. Ils savaient que cette constitution de rente
était caduque et révocable, ne consistant pas en biens fon-
ciers et stables. Ils savaient que les valeurs en or et en
argent sont variables et incertaines, eu égard aux ordon-
nances des souverains et à leurs cours plus ou moins grand.

... Tout le contraire arrive pour les terres bien cultivées
surtout ; elles augmentent de valeur, les chanoines adres-
sèrent donc une requête au duc. Celui-ci en comprit parfaite-
ment la portée », et, le 3 août 1385, commença l'assiette d'une
partie des 600 livres par la cession de la châtellenie de Lanvaux : « voulons donner et donnons, octroyer et octroyons,
assigner et assignons réellement et de fait, pour nous et nos
successeurs, notre châtellenie de la *Forêt de Lanvaux*
comme elle se poursuit, avec toutes ses appartenances tant
en rentes par deniers, blés, avoines, corvées, terres, moulins,
bois, étangs, foires et marchés, coutumes, juridictions, seigneuries, hommages et obéissances, redevances, droits, que
toutes autres choses de la dite châtellenie pour en jouir, les
doyens et prêtres de la maison de Saint-Michel, tant ceux

---

[1] Histoire inédite de la Chartreuse *(Arch. personnelles)*.
[2] Dom Lobineau, *Arch. de Lanvaux*.
[3] L'auteur de l'histoire inédite, ci-dessus mentionné.

d'aujourd'hui que tous ceux à l'avenir et perpétuellement[1]... »

Voilà donc de simples prêtres revêtus des prérogatives des anciens barons de Lanvaux : droits de four et de moulin, droits de seigneur supérieur, droits de haute justice... Il ne s'agissait plus que de les mettre en possession de la seigneurie, et de leur assurer la rente promise. Le duc nomma des commissaires à cet effet. Les premiers qu'il désigna ayant négligé ou refusé de remplir leur mission, ce ne fut que « le lundy après Saint-Michel de 1399 », que Jean Hilary et Jean du Tertre réussirent à fixer les 600 livres sur des fonds déterminés. La châtellenie [de Lanvaux passait pour en fournir 300[2].

Tout allait à souhait pour les chapelains s'ils n'avaient eu à compter avec des vassaux dont l'orgueil se révoltait à la pensée « de se voir redevables et sujets envers des prêtres. » Un des premiers à leur résister fut le vicomte de Rohan, qui percevait 33 sols de rente dans la châtellenie. A cause de la dignité de son rang, « il lui fut accordé exemption de ces devoirs et les 33 sols de rente furent fixés ailleurs[3]. » On fut moins gracieux à l'égard de Louis de la Forêt, Guillaume Dularne, Pierre Le Douarin et autres, qui avaient imité le vicomte dans son insoumission. Ces divers seigneurs, qui avaient reçu du duc quelques biens dans ou sur la châtellenie, prétendaient rester ses vassaux et ne rien devoir aux chapelains. Le duc n'admit pas cette interprétation ; il leur déclara, le 10 février 1411, que « les ducs avaient le droit de mettre les conditions qu'ils jugeraient convenable à leurs bienfaits et donations ; que les hommes subsdits ayant reçu des biens de la châtellenie de Lanvaux, le duc qui leur avait fait cette gratification par lui-même ou ses prédécesseurs, pouvait les obliger à reporter leurs hommages sur qui il voudrait, » qu'en conséquence ils avaient à se soumettre[4].

---

[1] Ibid. *Arch. de Lanvaux* Taillandier dit aussi : « Jean IV disposa d'un partie du fonds de cette baronnie en faveur des chanoines de Saint-Michel. »

[2] Hist. manuscrite, *Arch. de Lanvaux* et de la *Chartreuse*.

[3] Ibid.

[4] Histoire manuscrite, *Arch. de Lanvaux* et de la *Chartreuse*.

Cette déclaration ne mit pas fin à la guerre ; elle prouve du moins que Jean V avait à cœur de réaliser les intentions de son père, relativement à la cession de la châtellenie de Lanvaux avec tous ses droits et prérogatives.

Cette cession, on peut dire qu'elle était intégrale, bien que le donateur en eût excepté les ruines du château, le parc et la pêche de l'étang[1]. On peut le dire d'autant plus aisément qu'il permettait aux chapelains de jouir des terres vagues et gagnables du parc, d'y prendre le bois nécessaire à l'entretien de leur chapelle, de leur maison et des moulins de la Forêt, et de faire pêcher des anguilles aux chaussées des mêmes moulins[2]. Cependant ce fonds réservé constituait l'antique siège de la baronnie, dont le nom devint si célèbre, grâce à la légende des *neuf* qui commençait à se former, qu'un des successeurs de Jean IV s'avisa un jour de la ressusciter.

XII

RÉSURRECTION DE LA BARONNIE DE LANVAUX.

De tout temps la Bretagne a eu neuf barons : telle était la légende qui avait cours au commencement du XV° siècle. Plusieurs circonstances avaient contribué à la faire naître et à la propager : l'habitude prise par les ducs de n'appeler à leurs conseils qu'un petit nombre de barons huit, neuf ou dix tout au plus, la convenance d'avoir pour la noblesse autant de chefs que pour le clergé, l'habileté des faussaires, l'influence des intéressés[3]. Elle avait fait si bien son chemin que Pierre II la prit au sérieux, et qu'aux Etats de 1451 il l'imposa d'office, en réduisant à neuf les baronnies de Bretagne. Seulement sur les neuf baronnies dites anciennes, trois manquaient de titulaires comme annexées au duché. Pierre II en

[1] *Ibid.*
[2] *Ibid.*
[3] A. de la Borderie, *Les neuf barons de Bretagne.*

compléta le nombre par la création de trois barons nou-
veaux : les sires de Derval, de Quintin et de Malestroit[1]. C'était
là trancher du maître, mais le duc se croyait le droit d'agir
ainsi : « comme à nous de nos droictz souverains, royaux
et duchaux, appartienne, ainsi que les rois et ducs de Bretaigne nos prédécesseurs ont de tout temps usé, faire et croyer
(créer) en nostre païs barons ô toutes prééminences et prérogatives, a droict de baronnie, ainsi qu'il nous plaira[2].... »

La vérité est qu'aucun de ses prédécesseurs n'avait jamais
exercé ce droit, mais Pierre II n'y regardait pas de si près.
Son successeur, François II, ne se montra pas plus scrupu-
leux, lorsque le nombre des baronnies se trouva réduit par
la réunion de plusieurs sur la même tête, et comme il revendiquait le pouvoir d'en ériger à son gré de nouvelles, il ne
douta pas moins d'avoir celui de ressusciter les anciennes,
ainsi « que bon lui semblait[3] ». De ressusciter celle de Lanvaux avec tous ses domaines, ce n'était pourtant pas chose
facile, à cause des morcellements qu'elle avait subis ; mais
il y avait le fonds réservé dont nous avons parlé. François II
crut que ce précieux reste suffirait à un riche et puissant
seigneur pour porter le titre de baron et pour en avoir les
prérogatives, et il résolut de lui procurer un titulaire.

Dès lors qu'il eut pris cette détermination, il était naturel
d'en disposer en faveur d'un *Lanvaux*. La noble famille
existait encore et se trouvait en mesure, ainsi qu'on l'a vu,
de rendre des services. Soit qu'aucun de ses membres ne fût
assez riche pour soutenir convenablement cette dignité, soit
qu'on lui gardât rancune de son ancienne révolte, comme si
un abaissement de deux siècles ne l'avait pas suffisamment
expiée, le duc l'écarta et donna la préférence à André de
Laval, sire de Lohéac et maréchal de France. Pendant les
Etats tenus à Dinan, en décembre 1463, il le nomma *baron*

[1] *Hist. de Bretagne.*
[2] Dom Morice, *Preuves.*
[3] Daru, *Hist. de Bretagne.*

de Lanvaux aux mêmes titres et prérogatives que les barons
antérieurs à la création de 1451, lui « octroyant tous les
droitz, prééminences, rancs et assieptes » de la seigneurie
« pour lui et ses héritiers procréés de sa chair[1]. » Le nouveau
baron se fit céder le septième rang dans les Parléments[2].

Le sire de Lohéac avait épousé Marie de Retz, qui mourut
en 1458, sans lui donner d'héritier. Or il ne s'était point
remarié, et il arriva qu'il était « en tel âge constitué par vieil-
lesse, détenu de maladie incurable et tellement indisposé de
sa personne que par nature il ne peut avoir enfant masle de
luy procréé[3] ». Dans ces conditions, la baronnie devait, à
bref délai, faire retour à la couronne. Le duc se hâta de parer
à ce danger en lui donnant un successeur, le 22 septembre
1485, avec le consentement des États qui se tenaient à Nantes.
Ce successeur n'était autre que Louis II de Rohan, seigneur
de Guémené-Guingamp, petit-fils de Catherine Duguesclin,
fille unique du connétable ; mais il ne devait entrer en
possession de la baronnie qu'après la mort du sire de Lohéac,
qui survint du reste trois ou quatre mois plus tard[4]. Le 17 janvier 1486, le nouveau baron rendit hommage au duc.

D'après les lettres patentes, Louis de Rohan obtint « pour
luy, ses principaux enfants et héritiers procréés de sa chair » le
nom et le titre de baron avec tous les avantages inhérents à
cette dignité; « le lieu, emplacement, et motte où jadis fut
construit et esdiflé le chastél et forteresse dudict lieu de Lan-
vaulx, en la paroisse de Grandchamp, au diocèse de Vennes ;
le pourprix, édifices et appartenances d'iceluy chasteau, les
boys, parcz, estangs et domaine, et tout ce que nous tenions
et possédions en nostre main et terres en fons et domaine,
en la forme que nous le tenions ; aussy ses prééminences,
noblesses, privilèges, prérogatives... sans aucune chose en

[1] Dom Morice, *Pr*. III.
[2] Archives de Brissac.
[3] Dom Morice, *Preuves*, III.
[4] *Ibid.*

réserver ny retenir, fors seulement l'hommage-lige, rachapts
et obéissances en la cour d'Auray et ailleurs... » A tous ces
privilèges s'ajouta celui de relever le château de ses ruines ;
de contraindre tous les roturiers et gens de bas étage, à trois
lieues à la ronde, à y venir travailler ; de lever un guet pour
la garde de cette place ou de substituer à cette corvée une redevance. Ces devoirs cependant ne pesaient que sur les anciens sujets de la baronnie exempts, depuis la ruine du château, de guet et de garde[1].

Un don si important, du moins par les honneurs qui s'y
trouvaient attachés, supposait des services de premier ordre.
Le duc les célébrait comme « bons, louables et aggréables[2] »,
et en d'autres termes honorifiques qui s'adressaient au sire
de Guémené aussi bien qu'à ses prédécesseurs. Pourtant le
sire de Guémené s'était attiré, dans les derniers temps, le
couroux de son souverain, en prenant part à la révolte des
seigneurs contre Landais. Pour ce fait, il avait été déclaré
traître et rebelle, et ses biens confisqués. Il est vrai qu'après
l'exécution du ministre il était rentré en grâce, et le duc ne
songea plus qu'à le combler de faveurs.

A cette marque de bienveillance en effet le duc en ajouta
aussitôt une seconde, en tranchant à l'avantage de ce seigneur une question de droits incompatibles qu'il possédait.
Comme baron de Lanvaux, il avait le privilège de prendre
place dans les états, au banc des barons ; et, comme sire de
Guémené, celui de se tenir assis au-dessous du duc, sur le
marchepied du trône, à côté gauche, pour recevoir la couronne ducale. Le duc ne voulut pas que le titre de baron pri-
vât Louis de Rohan de son privilège de famille, et il décida
que les aînés ou héritiers présomptifs des *Guémené* le con-
serveraient, « parce qu'ils ont été prouches parents et ligna-
giers de nos prédécesseurs et de nous[2]. » Il ne restait plus au
nouveau baron qu'à exercer ses droits.

[1] Dom Morice, *Preuves III* et *Arch. de Lanvaux*.
[2] Dom Morice, *Preuves III*.

Un des principaux consistait à prendre place dans les états au banc des barons, et l'on dirait que le sire de Guémené se fit prier pour en user. Le duc lui rappela, aux États de l'année suivante, par l'organe de son chancelier, qu'il était temps d'en prendre possession, « voulant sondit don sortir plenier effet, le duc lui a fait dire et commander que se fist ou rang des barons et que d'iceluy lieu le mettrait en possessions.... et ce fait, s'est ledit sire de Lanvaux sis ou rang des barons auquel lieu et rang il a sis et assiété durant toute la proposition desdits Etats[1]...». 27 septembre 1486. On ne sait trop à quelle époque le baron s'occupa de relever le siège de la seigneurie. Ce qui paraît certain, c'est que le château fut bientôt rebâti et les douves remises en état.

Les droits de vasselage sur les alentours n'empêchaient pas le nouveau baron d'être à l'étroit dans son domaine. Pourquoi ne se mettrait-il pas au large en recouvrant les dépendances de l'ancienne baronnie, spécialement celles qui avaient pour objet la fondation ducale de Saint-Michel ? Les chartreux qui avaient succédé aux chapelains en 1482, ne demandaient pas mieux. Instruits par les déboires qu'avaient éprouvés leurs prédécesseurs, ils ne cherchaient qu'une occasion de se débarrasser d'un pareil héritage, disant « qu'ils avaient défiance et se doubtaient que les dits sugets n'eussent voulu estre obéissants ni sugets à eux, et que somptueuse et difficile chose leur esté contraindre lesdits nobles leur payer et continuer lesdites rentes, devoirs et obéissances... » Désireux d'arrondir son domaine, le sire de Guémené leur proposa un échange ; ce à quoi le duc consentit par lettres du 12 octobre 1486. Un prisage eut lieu dans les années suivantes, en sorte que le sire de Guémené recouvra la portion de la baronnie qui avait passé aux chartreux, en particulier les tenues de Kerambartz, les moulins de la Forêt et du Pont. Dès lors aussi il se mit à percevoir les droits féodaux

[1] Dom Morice, *Preuves III.*

de la châtellenie, par exemple, lo 7 janvier 1406, « trois deniers sur chacque étage de maison vêtu et herbregé, où l'on
fait feu et fumée au bourg de Plevigner, qui se payent au
mois de janvier par an[1]. » Or il paraît qu'après avoir cédé
leur fief, ils en avaient gardé les titres, comme s'ils avaient
prévu qu'ils y rentreraient un jour. Ils y rentrèrent effecti-
vement en 1504.

Le baron de Lanvaux avait fait un pèlerinage en Terre-
Sainte. De retour au pays, il fut admis au conseil de la duchesse Anne, qui le récompensa de son dévouement par la
cession d'un droit de bris « advenu au port et havre de
Danouël ». Ce bris était de grande valeur « à cause des marchandises, et biens y estant, desquels biens, bris et marchandises elle fait don à Louis de Rohan, de Guémené et de
Montauban ; et co; en faveur des bons et agréables services
faits par le dit Montauban et à la dite dame[2]. » Le droit de
bris que les seigneurs s'arrogeaient sur les navires naufragés,
était très inhumain. On ne voit pas cependant que la duchesse
Anne se soit fait le moindre scrupule de l'accorder ; ni Louis
de Rohan, de l'accepter.

Ce seigneur mourut le 25 mai 1508. Louis IV de Rohan
succéda à son aïeul, comme baron de Lanvaux et comme
seigneur de Guémené ; en 1525, ce fut Louis V, fils du précédent. Louis V fut le dernier *baron de Lanvaux*. Vers 1530, il
cessa de porter ce titre sans qu'on sache pourquoi. Le château
resta debout jusqu'au temps de la ligue. Après avoir servi
de forteresse aux ligueurs, il tomba ou fut renversé pour ne
plus se relever. Les bois demeurèrent dans la suite réunis à la
couronne. Au XVIII° siècle, l'étang et les moulins étaient
afféagés au sieur de Penhouet[3], en Grand-Champ.

[1] *Arch. départ.*, fonds Robien.
[2] Daru, *Histoire de Bretagne*.
[3] *Arch. de Lanvaux.*

XIII

VENTE DU FIEF DE LA FORÊT-LANVAUX.

Trente-trois ans après que les seigneurs de Guémené avaient renoncé à leur établissement de Lanvaux, les chartreux se virent soumis à une rude épreuve. Pour subvenir aux besoins du royaume, Charles IX avait obtenu du pape une imposition de 100.000 écus sur le clergé de France. Le diocèse de Vannes fut frappé de 500 écus ; et, sur cette somme, les chartreux seuls payèrent 700 livres[1]. Leurs ressources ordinaires ne pouvant suffire à cette contribution énorme, ils mirent en vente leur fief de la Forêt. (1563).

D'après les archives de Lanvaux, ils le partagèrent en deux lots qu'ils vendirent séparément[2]. Le fief, dit de *Grand-Champ*, fut acquis par Jean Gibon, seigneur du Grisso ; et celui, dit de *Pluvigner*, par René de Malestroit, baron de Kaer et vicomte de Kerambourg[3], « à estainte de chandelle et par deffault » sur les religieux. Pourquoi ceux-ci avaient-ils fait défaut au jour de la vente, puisqu'ils l'avaient demandée eux-mêmes ? On l'ignore.

L'aliénation du fief et des droits qu'il comportait n'avait pas été intégrale, les chartreux s'étant réservé les rentes et censives de quelques terres[4], les moulins et l'obéissance aux moulins, « généralement tout l'utile et certain. » C'est ce qui résulte, non de l'acte d'acquisition que nous ne connaissons pas, mais de quelques autres pièces qui peuvent en tenir lieu. Ainsi le seigneur de Bueil, gouverneur de la province, ayant signifié aux chartreux son dessein d'acheter la seigneurie de

Rosenzweig, *Notice sur la Chartreuse.*

[2] *Arch. de Lanvaux*, 2.

[3] *Ibid.* Le Grisso, situé en Grand-Champ ; Kaer, en Locmariaquer ; Kerambourg, en Landaul.

[4] Rosenzweig, *Notice susdite.*

Lanvaux, explique dans quelles conditions il entendait cette acquisition. C'était « tout le casuel de cette seigneurie, c'est-à-dire droit de justice triple, créations d'officiers, sergents, notaires, papiers de greffe et généralement tout le casuel incertain et honorifique, n'entendant comprendre le dit seigneur, les moulins, et leur mouteaux et l'obéissance auxdits moulins, rentes sous cens, pêcheries... généralement tout l'utile et certain qui leur demeure[1]. »

Que tel fût le sens du contrat, nous le voyons par une note d'un officier de la seigneurie, ainsi conçue : « ce qu'on aliéna en 1563 du fief de Pluvigner rendait chaque année : greffe et sceau, 5 livres, lods et ventes, 100 ; rachapts, 200 ; taux et amendes, 20 ; foires et marchés, 40 ; espaves et gallois, 5 ; maison de l'auditoire, 5 ; total : 375 livres[2] ». D'après une autre pièce qui n'entre dans aucun détail, la châtellenie fut vendue 12500 livres et en rapportait 500 de rente[3]. C'est entre les deux chiffres une différence de 125 livres, mais cette différence pourrait représenter les deniers de féage perçus sur les habitants du bourg de Pluvigner, et qui passèrent certainement aux seigneurs de Kerambourg[4].

Le rachat des biens ayant été autorisé l'année suivante, les chartreux rentrèrent en possession de la plupart des biens qu'ils avaient vendus ; ils se gardèrent pourtant de retirer le fief de Lanvaux, source pour eux de tant de désagréments. René de Malestroit avait beau insister pour que la vente fût annulée ; ses efforts furent inutiles et le procès qu'il engagea trancha la question contre lui[5].

Non que les religieux, malgré les ennuis que cette châtellenie leur avait causés, ne fussent tentés d'en opérer le retrait. Presque tous leurs biens et leurs terres étaient si-

---

[1] *Arch. de la Chartreuse,* 57
[2] *Ibid.*
[3] *Arch. de Lanvaux* 2.
[4] Voir l'article suivant.
[5] Rosenzweig, *Notice sur la Chartreus*

tués dans son enclave. Tous leurs hommes tant fermiers que
domaniers « y étaient justifiables. » Les émoluments de son
greffe, déjà considérables, augmenteraient encore, s'ils ve-
naient à le recouvrer. Ces avantages étaient précieux assuré-
ment, et le rapporteur les relevait avec une certaine complai-
sance[1] ; mais les chartreux ne succombèrent pas à la tentation, le retrait ne se fit pas, et la châtellenie de la Forêt-
Lanvaux leur échappa pour toujours.

XIV

FIEF DIVISÉ DE LANVAUX

Le fief de Grand-Champ resta près d'un siècle aux mains
des sieurs du Grisso. Le 28 juin 1660, « il fut acquis d'escuyer
Julien Gibon » par Nicolas Fouquet, le fameux surintendant
des finances de Louis XIV[1]. Le ministre le trouvait à sa convenance, mêlé qu'il était à ses possessions du comté de Largouet qu'il avait acheté, le 30 juin 1656[2]. Le 10 janvier 1680,
le domaine de Largouet et ses annexes le fief de Lanvaux et
celui de la forêt de Trédion, furent vendus par la veuve de
Fouquet, Marie-Magdeleine de Castille[4], au prix de 150.000 l.,
plus 11.000 de *pots de vin*, à Louis de Trémereuc, chevalier
et conseiller au parlement de Bretagne[5]. Trois ans plus tard,
Anne-Louise de Trémereuc, fille et héritière de Louis, épousait M. de Cornulier dans la famille duquel ces seigneuries
sont demeurées jusqu'à la Révolution. Le dernier possesseur
connu, Toussaint de Cornulier, est mort en 1781, et sa femme
Angélique-Marie-Sainte de Cornulier, en 1793[6].

La vente du comté et de ses annexes comprenait, bien en-

[1] *Arch. sur la Chartreuse*, 57.
[2] Série B. Aveu de Largouet.
[3] Série B. Aveu de Largouet à Nantes.
[4] Alliée à une puissante famille de financiers, les Jeannin de Castille.
[5] Série B. Cour des comptes, Aveu de Largouet.
[6] Manuscrits de M. Galles.

tendu, tous les privilèges attachés aux fiefs de haute justice : droits de juridiction et de seigneur supérieur, prééminences d'église[1].... Ce qu'on aimerait à connaître, ce sont les droits qui étaient considérés comme propres au fief de Lanvaux dans la paroisse de Grand-Champ. C'est « à cause de la baronnie de Lanvaux » que le comte de Largouet réclamait, à tort du reste[2], « le rachapt sur le lieu de Saint-Nervon[3]. » C'est probablement au même titre que lui appartenait le « trépartz en Couetquehennec ; » mais le droit « d'avoir un carcan et pillory planté en la grande place proche du cimetière du bourg[4] ; » celui « de supérieur fondateur de l'église, paroisse et chapelles ; » celui enfin de revendiquer[4] « tous les premiers droits honnorifiques[5] ; » ces divers privilèges et autres comme « espaves et gallois, successions de bâtards, taux et amendes[6]... » les tenait-il aussi de la seigneurie de Lanvaux ? C'est ce que les aveux ne spécifient pas ; mais on peut croire qu'il les possédait au double titre de comte de Largouet et d'héritier des *barons de Lanvaux*, les grandes seigneuries emportant tous les droits que nous venons d'énumérer.

Le fief de *Pluvigner* passa de René de Malestroit, seigneur de Chamballan, à Mathurin de Montalais, neveu et héritier de l'acheteur dont il avait épousé la fille, Louise de Malestroit. Il échut ensuite à Pierre de Montalais, fils des précédents, qui le vendit à Jean de Robien, sieur de la Villemainguy, maître des requêtes à la chambre des comptes à Nantes. La famille des *Robien*, dont le principal représentant a été Christophe-Paul, président à mortier au Parlement de Rennes, mort en 1756, l'a conservé jusqu'à la fin[7].

[1] Aveu de Largouet (Nantes).
[2] *Id.*
[3] *Id.*
[4] *Id.*
[5] *Id.*
[6] *Id.*
[7] Fonds *Robien*, Arch. de Lanvaux, 2 ; Manuscrits de M. Galles aux archives départementales du Morbihan. D'après M. Galles, Mathurin de Montalais avait pour femme Anne Le Voyer : il se serait donc marié deux fois.

Le fief de Pluvigner avait plus de valeur que celui de Grand-Champ. Le seigneur continuait à percevoir « trois deniers de féage sur chaque étage faisant feu et fumée[1] » dans tout le bourg de Pluvigner, composé d'environ 300 maisons[2]. De plus il possédait dans la même paroisse, « le féage des gentilshommes et gens partables qui tiennent de ladite juridiction, à devoir de foi, hommage et rachat lorsque le cas advient, et droit de chambellenage », autrement dit le rachat de toutes les terres « à chaque mutation qui arrive par la mort du possesseur de l'héritage[3]. » Ces divers droits frappaient, tant dans le bourg que dans la paroisse, environ 490 maisons nobles ou roturières, tenues ou convenants[4]. Ajoutons deux fours bannaux au service des vassaux du bourg et la tenue de plusieurs foires et marchés avec « privilèges de coutumes sur toutes les marchandises qui s'y vendent et aussi sur les bestiaux et chevaux qui s'y mènent sans aucune exception[5]. » Les mêmes droits de « juridiction, foi et hommage et chambellenage » s'étendaient en dehors de Pluvigner. M" de Robien les réclamait sur une quarantaine de maisons nobles, moulins ou tenues de Plumergat, sur deux de Locmariaquer, six de Crach, et vingt de Mendon[6]. N'oublions pas des chefrentes en Brech, Auray, Crach, Locmariaquer, Plœmel, Mendon et Pluvigner[7].

Pluvigner restait depuis les anciens barons le centre du fief. La justice s'y rendait le mardi, jour du marché ordinaire. Le tribunal comprenait un sénéchal, un alloué ou lieutenant particulier, un procureur d'office, des sergents, notaires et un greffier ou procureur. Le lieu de l'audience et la prison

---

[1] Fonds *Robien* à Vannes.
[2] *Arch. de la Chartreuse*, 57.
[3] *Ibid.*
[4] Aveu de *Robien* à Vannes.
[5] *Arch. de la Chartreuse*, 57.
[6] Aveu de *Robien* à Vannes.
[7] *Arch. de la Chartreuse*, 57.

étaient sur la place du Martray, et en face se dressait le pi-
lori[1]. Ces divers privilèges et autres, Paul-Christophe-Céleste
de Robien, fils du président à mortier, les revendiquait
encore à la veille de la Révolution : « pour raison de laquelle
terre et seigneurie de la châtellenie de la forêt de Lanvaux et
Pluvigner, a droit de haute moyenne et basse justice,
fourches patibulaires à quatre piliers sur la lande du Mont
laquelle est le fief de la chatellenie, cept, collier, et pilory
comme appartient à tous seigneurs chatelains hauts justiciers
et tous droits prérogatives et prééminences en l'église pa-
roissiale de la ville de Pluvigner, comme seigneur supérieur
et fondateur de toutes les chapelles de ladite ville et celles
dépendantes de ladite paroisse, conformément à l'arrêt du
conseil ; banc, armoyrié de ses armes, accoudoir et escabeaux
au chœur... », 1782[2].

Il est vrai que l'exercice de plusieurs de ces droits rencon-
trait de sérieuses difficultés. Les chartreux s'étant réservé
l'utile, lors de l'aliénation de la châtellenie, contestaient le
droit de four aux acquéreurs. Les moines de Lanvaux, pour
leurs fiefs de Pluvigner et de Bieuzy, prétendaient relever
directement du roi, et posséder, à l'exclusion des Robien,
tous les droits seigneuriaux dûs aux hauts justiciers. De là, de
nombreux procès entre les parties adverses. Celui qui fut
engagé par les religieux de Lanvaux dura 80 ans et se termina
en 1703[3], en donnant gain de cause à leurs contradicteurs,
représentés alors par le fils du célèbre président. L'arrêt du
Grand-Conseil[4] ordonna « de le reconnaître pour le seigneur,
de lui fournir aveux et dénombrement par tenans et abou-
tissans, de lui payer rentes féodales, lods et ventes, rachats
et autres devoirs seigneuriaux». Par contre il lui fit « défense
de prendre la qualité indéfinie de seigneur de Pluvigner,

[1] Aveux de *Robien* à Vannes et à Nantes.
[2] Fonds *Robien* à Vannes.
[3] Pour plus de détails, voir mon *Histoire de l'abbaye de Lanvaux*.
[4] Fonds *Robien* à Vannes.

sauf à lui à se dire et qualifier seigneur de la châtellenie de la Forêt-Lanvaux, des fiefs de Laval et Tancarville[1].... ».

A plus forte raison n'avait-il pas le droit de se dire *baron de Lanvaux*, comme il le faisait pompeusement dans certains baux de ferme, et même dans ses aveux. Pour quel motif ce seigneur pouvait-il s'appeler ainsi ? Il détenait, il est vrai, une portion de la baronnie, mais les partages qu'elle avait subis en éteignaient le titre. Quant au fonds réservé, un moment érigé en terre baronale, il se trouvait réuni au domaine depuis que les sires de Guémené l'avaient abandonné. Le prétendu baron n'en possédait aucune parcelle, pas même un droit d'usage dont jouissaient certains religieux, et particulièrement les chartreux d'Auray, au parc de Lanvaux.

XV

DROIT D'USAGE AU PARC DE LANVAUX.

En vendant la châtellenie, les chartreux n'avaient pas perdu le droit d'usage que leur avait attribué sur le parc la fondation ducale. On les laissa donc s'approprier les terres gagnables du parc, c'est-à-dire les terres vides de bois et labourées de temps immémorial, et prendre tout le bois nécessaire à la construction et à la réparation de leurs édifices. Un mandement de François Ier, du 4 mai 1517, les avait confirmés dans leur droit. Toutefois le garde du parc ne laissait abattre du bois que sur l'ordre des officiers de la sénéchaussée d'Auray, et après la visite par ceux-ci « des indigences prétendues » par les solliciteurs. De plus, aucun arbre ne pouvait être coupé s'il ne portait la marque du marteau à l'hermine gravée.

[1] Tancarville, ancien château de Pluvigner, situé dans la frairie de Trelecan. Il était tellement ruiné par les guerres que, en 1740, il n'en restait pas pierre sur pierre. La chapelle seigneuriale fut également détruite et, pour la remplacer, on bâtit la chapelle actuelle de Trelecan.

Cette vigilance avait pour but d'arrêter les pillages aux-
quels le parc, depuis longtemps, était en proie. Suivant un
rapport de 1530, « le parc de Lanvaux aultres fois estoit beau
et éminant et circuit de murailles, contennant environ demye
lieue de long et aultant de laise et travers, et jaçait qu'il
deust avoir été bien gardé et plus privilégié que aultres foretz
forestables, avait été grandement pillé, apparossant oculai-
rement presque ruyné et dépopulé ». Le rapporteur avait beau
gémir ; les ravages allaient en augmentant, et le roi Henri II
y contribua pour sa part puisque, en 1550, il fit abattre deux
cents journaux de bois dont le produit devait serv! · à for-
tifier Belle-Ile[1].

Ces journaux du reste devaient être repeuplés. Quant aux
terres vaines et vagues, étangs et marais qui ne donnaient
aucun profit, des commissaires furent nommés, en 1641,
pour les afféager. On ne pouvait procéder à cette opération
sans violer évidemment le privilège des chartreux ; mais, au
lieu de réclamer, ceux-ci prirent eux-mêmes à titre de féage
108 journaux de terres vagues, moyennant 12 deniers tournois
de rente seigneuriale par journal, sans compter 570 livres
de droits d'entrée et autres frais. Ils consentirent même à
enclore ces terres qui se trouvaient réparties de la manière
qui suit :

31 journaux 3/4 situés « au hault vers occident du triage
de Lanvaux, au lieu appelé la lande de Toulfan, circuitte
vers occident de la muraille dudit parc et du bois d'iceluy » ;
74 journaux 1/4 « en l'endroit appellé la lande de Livinesse[2],
au côté septentrional de la dite Forêt et entre icelle et la dite
muraille » ; 25 journaux « au costé vers orient de la dite
forest entre la muraille, la forêt et les terres des mettairie et
village de Quervéno » ; 37 journaux « entre le triage desdits
pères chartreux et le moulin du parc leur appartenant, com-

[1] Arch. dép.

[2] Aujourd'hui *Lanver*, d'une contenance actuelle de 37 hectares 8 ares. —
Le *Toulfanc*, 14 hectares 50. (Cadastre de Brandivy).

prins ce qu'il y a de terre entre la chaussée du dit moulin et
les vieilles murailles dudit parc... » On y ajouta certaine
quantité de terre, d'une étendue de 5 journaux environ,
« inutile à bois et mal planté, au haut vers septentrion de la
dite forest, entre la lande de Toulfan et la lande de Levi-
nesse, borné des deux bouts les dites deux landes, et du costé
du nord la muraille dudit parc, et vers midy la forest. »[1]

Ces différentes concessions comprenaient près du tiers du
parc. Or dans un pays où la lande, plus connue dans le reste
de la France sous le nom d'ajonc, sert tout à la fois d'engrais
et de nourriture pour les bestiaux, les religieux essayèrent
de tirer quelque profit des terres ainsi afféagées. Ils perce-
vaient par exemple, comme droit de panage, 5 sous par an
pour chaque bête à cornes, cheval ou jument qu'on y menait
paître.

Quant à l'antique usage du bois qu'avaient les chartreux,
tout en le reconnaissant, les commissaires le limitèrent à 30
journaux dont on composa leur triage, toujours avec
l'obligation de ne prendre, même dans cette partie, que les
arbres marqués à cet effet par les officiers de la cour des
eaux et forêts. Mais cet usage allait bientôt disparaître entièrement. Par ordonnance du mois d'août 1669, Louis XIV
révoqua tous les droits de chauffage et autres dont les forêts
étaient grevées, quitte à en dédommager les possesseurs, surtout ceux dont les titres étaient antérieurs à 1500. Depuis le
temps, jusqu'en 1702, les chartreux reçurent une indemnité
pécuniaire, toutes les fois qu'ils eurent besoin de bois pour
réparer leurs édifices. En 1702, leur droit leur fut racheté pour
une rente annuelle et perpétuelle de 200 livres, payable sur le
revenu de tous les bois, eaux et forêts royales de la province[2].

Les chartreux n'étaient pas les seuls à posséder le droit

---

[1] Suivant un aveu au roi, en date du 28 décembre 1679, le nombre des
journaux afféagés par les chartreux s'élevait à 178. (Arch. de Nantes, B.)

[2] Rosenzweig, *Notice sur la Chartreuse*, où nous avons puisé, presque mot
pour mot, tous les détails qui précèdent.

d'usage dont il s'agit. Les moines de Lanvaux l'exerçaient
bien avant que la chartreuse fût née ; et ce droit, ils devaient
le tenir ou du baron ou de son vainqueur, Jean Le Roux[1].
Pour remonter à des temps si anciens, il ne leur était pas
moins vivement contesté, particulièrement dans les derniers
siècles de la monarchie. Malgré un arrêté de la cour souve-
raine qui « les maintient à prendre leur bois de chauffage,
bois à bâtir et autres usages dans le Parc-au-duc et forêt de
Lanvaux[2] »; malgré les décisions favorables de Henri IV, en
1674, la guerre éclata de nouveau, et de nouveau les religieux
réclamèrent avec énergie la jouissance intégrale de leurs privilèges. L'abbé commendataire, Melchior Rouxel, appuya de
son mieux leurs revendications ; l'examen des titres plaida en
leur faveur et ils obtinrent satisfaction (1675)[3].

L'arrêté concernant cette affaire avait été pris en conseil
du Roi. Si l'on en croit les religieux, il prescrivait aux officiers de la maîtrise de leur livrer, tous les ans, sans frais, sur
les bois morts ou gisans ou arbres morts, quarante cordes ou
charretées de bois. Une ordonnance rendue, en 1728, par
François de la Pierre, baron de la Forêt, conseiller du roi,
grand veneur et réformateur des eaux et forêts, les maintint
dans la possession de ce droit; mais bien que cette ordonnance fût enregistrée, dès la même année, au greffe de la
maîtrise, l'opposition ne laissait pas de persister. Tous les ans,
si je ne me trompe, il fallait une nouvelle requête, et il n'était
répondu, à chaque requête, que pour le chauffage de l'année
courante[4].

Cela devait durer jusqu'à la fin de l'ancien régime.

---

[1] Les religieux disaient le tenir de Rodolphe de Kémora en 1250 ; mais le parc n'a jamais appartenu à ce seigneur.

[2] *Arch. de Lanvaux*, 9.

[3] *Ibid.* passim.

[4] *Ibit.*

XVI

LANVAUX DEPUIS LA RÉVOLUTION

Lorsque la Révolution éclata, les deux établissements de Lanvaux et de la Chartreuse furent supprimés, les religieux expulsés et leurs biens mis en vente. Cette opération n'eut pas de succès auprès des paysans de Brandivy, on n'en pourrait citer un seul qui ait succombé à la tentation de s'enrichir par cette voie illicite. Les acquéreurs vinrent d'ailleurs et se trouvaient généralement parmi les citadins. Charles Villemain, négociant à Lorient, fut particulièrement heureux d'une pareille aventure, qui lui permit de se créer nationalement un petit royaume à Lanvaux. Le 10 décembre 1791, il acquérait pour 5690 livres, les moulins à eau et à vent de l'abbaye ; le 15 octobre 1791, pour 6000 livres, la métairie de Bannalec, dont relevaient les ruines du castel Bihuy ; le 21 avril 1792, pour 9.089 livres, les moulins de la Forêt, avec les prés et pâtures, et les restes du château de Lanvaux ; le même jour, pour 4701 livres, la métairie des Granges ; enfin, le 15 décembre 1792, pour 13540 livres, l'abbaye elle-même de Lanvaux, y compris l'abbatiale et le pourprix[1]. Domaines d'une belle étendue dans leur ensemble, et, les Granges exceptées, d'un seul tenant.

Ces acquisitions faites, le nouveau seigneur résolut d'établir à Lanvaux sa résidence. Résolution téméraire s'il en fut. Malgré ses sentiments républicains, il lui était facile de comprendre que le pays ne voyait pas avec plaisir ces sacrilèges expropriations, et que sa seule présence constituait un défi à l'opinion publique. Le « brave Villemain, l'un des plus intrépides prosélytes de la liberté dans le Morbihan[2], » ne se ren-

---

[1] Notes de l'abbé Luco.
[2] Arch. départ. L. 813.

dit pas compte de cette situation, ou ne voulut y avoir aucun égard. Il entendait exploiter librement son bien et se procurer toute la satisfaction possible. Or, cette satisfaction, au point de vue révolutionnaire, devait lui paraître sans égale. Les bâtiments d'une abbaye lui servaient de demeure, et, dans ses excursions à travers sa propriété, il pouvait fouler victorieusement aux pieds deux débris d'une odieuse féodalité.

Ces excursions étaient fréquentes parce que, après avoir pris la place des anciens barons, l'acquéreur en prenait aussi les divertissements. La chasse, ce plaisir de prince, trouvait à Lanvaux un terrain exceptionnel, en raison des épais fourrés de la Forêt et du voisinage du Loch, si solitaire en cet endroit. Le gibier même de choix n'y manquait pas, tel que le chevreuil et le sanglier. Tout conviait donc à cet exercice, et Villemain s'y livrait avec ardeur, suivi d'une meute superbe. Un jour, racontent nos vieillards, sa trompette retentissait plus sonore, ses chiens aboyaient avec plus de vigueur, et sans songer à mal, il s'en donnait à cœur joie. Il rentra chez lui, se coucha sans défiance ; cette nuit-là même, des hommes s'introduisirent dans sa chambre et le tuèrent à coups de sabre ou de couteau. Pas un chien n'avait bougé[1].

Qu'aucun chien n'eût bougé ou aboyé à l'approche des meurtriers, cela n'est pas étonnant : ils étaient de la maison, les trois « ouvriers de confiance, les domestiques » de la victime[2]. Leur attentat eut un retentissement considérable et la justice aussitôt se mit en devoir de les châtier. Arrêtés et condamnés à mort, ils furent guillotinés à Auray, vers la fin de février ou en mars 1794, sur la place et près l'arbre de la liberté[3]. C'est de cet « arbre sacré » que s'était écrié Boullays, le 23 décembre 1792, au moment de sa plantation : « puisse l'astre du jour ne lancer sur toi que des rayons sa-

[1] Tradition.
[2] Arch. dép. L. 813
[3] Ibid.

lutaires... puisse toujours le crime épouvanté reculer à ton
aspect... »[1] Hélas ! cet aspect ne fit rien en la circonstance,
non plus que la triple exécution mentionnée. Un soulèvement
général était depuis longtemps en l'air, et le meurtre de
Villemain en fut le signal. Les patriotes écrivirent au comité
de Salut public que « c'est par l'assassinat de ce vertueux
républicain qu'a commencé l'insurrection des brigands[2]. »
Ils omirent, il est vrai, d'ajouter que les brigands étaient
poussés à bout par ces vertueux républicains, qui s'achar-
naient avec une fureur incroyable à proscrire la religion et
ses ministres, dont plusieurs avaient déjà péri sur l'échafaud.

Bertrand Villemain, fils de l'acquéreur et héritier de ses
propriétés de Lanvaux, avait 15 ans et terminait à peine ses
études, lors de ces tragiques événements[3]. Aussitôt il entra
dans l'armée, poussé par le double désir de venger son père
et de défendre son pays, et il ne déposa les armes qu'en 1805,
après la proclamation de l'Empire dont il resta le serviteur
dévoué[4]. Le retour des Bourbons lui fut très pénible. Elu
député aux élections de 1810, il se lia d'amitié avec les plus fameux libéraux de l'époque ; et, comme eux, se distingua par
une opposition constante à la monarchie légitime. Les élections
de 1824 le mirent à l'écar[5] et il profita de ses loisirs forcés
pour établir une verrerie à Lanvaux[5]. L'avènement de Louis-
Philippe lui rouvrit le chemin des honneurs « en le re-
portant presqu'à la fois au commandement de la garde
nationale, à la mairie, au conseil du département, au conseil
général du commerce, à la chambre des députés[6] ». Ces

[1] Arch. munic. d'Auray.
[2] Arch. départ. L. 813.
[3] Géographie générale.
[4] Pendant l'Empire il fut, de 1806 à 1812, membre du conseil municipal de
Lorient ; en 1812, commandant dans la garde nationale levée dans l'Ouest,
décoré par Napoléon revenu de l'île d'Elbe et employé à Paris; après Waterloo,
exilé dans le midi et placé sous la surveillance de la police, sauvé par l'influence de Fouché, son ancien professeur (Ibid).
[5] Une verrerie précéda les forges, établies vers 1827.
[6] Il fut aussi sous-préfet de Lorient sous Louis-Philippe. (Géographie
générale).

diverses charges no lui permottant pas de s'occuper avec
une attention suffisante de son usine, il la vendit, le 15 juillet
1834, au roi Louis-Philippe avec les autres domaines qui
avoisinaient le Loch. Tous ces biens furent achetés, le 18
décembre 1852, par M. de Virel dont la famille les possède
encore.

Les acquisitions de Villemain confinaient sur plusieurs
points à la forêt de Lanvaux, qui resta en dehors des adju-
dications. Le Parc-au-Duc étant du domaine de l'Etat, il ne
pouvait être naturellement question de l'aliéner ; mais il y
avait un autre bois, dit des *moines* qui faisait suite à celui-là,
et qui comprenait 24 journaux de haute futaie et un taillis
de *septante arpens*. L'administration eut le bon esprit de le réserver et d'augmenter ainsi de près d'un quart le domaine
de la Forêt. Les deux bois ont en effet une étendue totale de
252 hectares, soit 207 pour le parc et 45 pour le *Bois des
Moines*. L'acquéreur n'avait droit qu'aux arbres enclavés
dans sa propriété.

Bien que l'acquéreur n'eût rien à voir dans la Forêt, il
aimait cependant à s'en occuper. Le 5 mars 1703, il proposait
« de vendre environ 100 pieds de chênes qui dépérissent,
offrant d'en verser le prix à la caisse du district [1]» Le directoire
y consentit volontiers n'ayant qu'à gagner à cette proposition.
Le zèle dont il faisait parade ne le mit pas à l'abri de la sus-
picion. Au mois d'octobre suivant, on l'accusa de s'être ap-
proprié une avenue et différentes allées plantées d'arbres et
de massifs, d'avoir vendu des bois pour 1200 livres, sans que
ces bois et le terrain où ils étaient plantés fissent partie de son
acquisition. Le procureur général avisa de la plainte le directoire du district qui chargea Dréano, un de ses membres, de
procéder à une enquête [2].

Alors même que cette dénonciation serait fondée, cela ne
fait que deux coupes de bois pendant la Révolution. Ajou-

[1] Directoir du district de Vannes.
[2] *Id.*

tons-y une troisième. Le 31 mars 1793, sur le double rapport
du garde particulier de Lanvaux et du garde général des bois,
le directoire du district de Vannes décida la vente de « sept
arpens de taillis[1] ». Il y eut vraisemblablement d'autres
abattages ; mais, en somme, ils paraissent avoir été rares à
cette époque. L'administration n'avait guère le temps d'y
songer, tant de préoccupations l'absorbaient par ailleurs.

Depuis lors il en va autrement. L'exploitation de la Forêt
est régulière, et elle doit fournir un beau revenu à l'État ; car
les arbres en sont superbes et peuvent faire honneur à tous
les chantiers. Sous l'action des haches et des tempêtes, les
débris s'accumulent et le bois sec jonche constamment le
sol. Les riverains en font leur profit, sans autre redevance
que quelques corvées destinées aux réparations des clôtures
et des chemins.

Tout le Parc-au-duc relevant du domaine public, les terres
vagues et les landes qu'il renfermait et qui furent jadis afféagées par les chartreux, devaient avoir la même destinée. Pendant longtemps, il est vrai, les héritiers des anciens vassaux en
ont joui sans scrupules ; ils en coupaient les plants et l'ajonc
à leur fantaisie, leurs bestiaux y paissaient en toute liberté.
Pour tout dire, ils agissaient en vrais propriétaires, et personne ne s'avisait de leur chercher querelle. Heureux s'ils
eussent suivi les conseils d'un homme de loi, qui s'efforçait
de leur faire comprendre qu'il était de leur intérêt de procéder
discrètement au mesurage et au partage des terrains ; mais
cette opération demandait quelque argent, et comme ils se
croyaient à couvert des revendications de la commune et de
l'État, ils estimaient inutile de s'imposer des frais. Grave im-
prudence dont l'avenir les a cruellement punis.

Peu de temps après l'érection de Brandivy en commune, ils
songèrent à régulariser leur situation et firent appel, dans ce
but, à l'intervention préfectorale. Ce n'était là, dans leur

[1] Direct. du district de Vannes.

esprit, qu'une simple formalité ; mais, au lieu de leur donner gain de cause, le préfet appela l'attention de la municipalité sur les communs en question et sur les droits qu'elle pourrait avoir à leur propriété. Les usagers de Treméno, Kerdréan, Kerveno et la Forêt, dressèrent alors la tête et se remuèrent à la recherche de leurs papiers. Celui-ci invoquait une déclaration du 8 mai 1782, ayant pour objet de démontrer que le terrain en question appartenait aux vassaux de Kermainguy ; celui-là, une acquisition datant de plusieurs siècles ; tous, la prescription et l'impôt qu'ils payaient de temps immémorial ; mais personne ne put présenter de titre de propriété ; dès lors leurs réclamations tardives en vue d'un partage furent vaines, et désespérant d'avoir le dernier mot sur place, ils engagèrent à fond le procès devant le tribunal de Vannes. L'arrêt rendu, le 28 juillet 1804, les débouta de leurs prétentions et adjugea le terrain à la commune[1].

Ce dénouement inattendu les surprit sans les décourager, et ils se mirent à partager et à clore les communs, comme si le procès s'était terminé en leur faveur. Pour calmer leurs esprits, l'autorité municipale tenta de les amener à un arrangement ; mais ils s'y refusèrent et « congédient le maire et sa compagnie en les injuriant grossièrement[2]. » Dans ces conditions, il n'y avait qu'à s'entendre avec M. Le Doré, négociant à Auray, qui avait offert 20.000 fr. pour le Toulfanc, Lanver et Lan-vras[3], non compris plusieurs parcelles d'une contenance de 10 hectares, soumissionnées par des particuliers. « Sur quoi délibérant, le conseil est d'avis d'accepter et demande au préfet l'autorisation de passer avec M. Le Doré un traité pour la cession de 128 hectares environ, moyennant la somme de 20.000 fr., que le conseil désirerait payables aussitôt le traité passé ». Août 1804.

Ce négociant, qui avait déjà plusieurs fermes dans le voi-

[1] Arch. munic. de Brandivy.
[2] Id.
[3] Lan-vras est en dehors du parc.

sinage, ne se contenta pas de ces acquisitions ; il en fit
diverses autres, qui donnaient à son domaine une étendue de
330 hectares environ. Aussitôt il commença des semis ou des
plantations de sapins ; mais, avant que les travaux projetés
fussent achevés, il résigna sa propriété (1870). Son successeur a heureusement marché sur ses traces, en sorte que les
hauteurs de Lanvaux, si arides jadis, sont aujourd'hui
défrichées ou couronnées de bois, et sillonnées de chemins.
Ce qui vaut mieux encore, c'est la fondation récente d'une
école gratuite et d'un orphelinat de jeunes filles sous la
direction d'une communauté religieuse.

Tout se renouvelle ainsi dans ce pays historique : les
chemins se croisent, le désert se défriche, les villages se
fondent, les habitants se civilisent. Il n'y a qu'une chose qui
ne change pas, les vieilles ruines de Bihuy et de la Forêt[1].
Elles sont toujours là, avec leur enceinte principale et leurs
douves profondes ; et on les connaît bien aux alentours, car
un sentier très fréquenté les traverse toutes deux. Ces restes
grandioses étonnent le regard ; le passant les contemple avec
une sorte d'effroi, et son imagination s'est donné carrière à
tel point qu'à défaut d'êtres réels ou visibles, il les a peuplés
d'êtres fantastiques ou invisibles dont nous allons raconter
les exploits.

XVII

LÉGENDES

Des deux castels le moins redouté est celui de *Bihuy*. Il
n'est pourtant pas dépourvu de sa légende.

Deux ou trois cultivateurs de Brandivy y allaient souvent à

---

[1] Une partie des douves du *Castel Bihuy* est traversée par le chemin de
Locminé à Pluvigner. Ajoutons que la pioche et la mine entament depuis
quelque temps la pointe rocheuse sur laquelle est assis le donjon, pour
servir à l'empierrement des chemins ; mais le nivellement n'est pas près de
se réaliser.

la chasse. Le blaireau y pullulait autrefois et la vente de sa
fourrure leur procurait quelque argent. Or une nuit qu'ils
poursuivaient ce gibier avec leur ardeur ordinaire, qu'est-ce
qu'ils virent au fond de la douve ? Un énorme animal étendu
sans vie. Ils crurent reconnaître la carcasse d'un cheval, ils
le dirent même à leurs familles pour les rassurer ; mais ils
le pensèrent si peu que depuis lors aucun d'eux n'osa y retourner.

C'est là un fait isolé et qui ne suppose pas nécessairement
le castel habité par des esprits. En voici un autre qui ne
permet guère le doute à cet égard. A certains moments, le
sol tremble, et alors que tout est calme aux environs, une
tempête subite secoue les arbres jusqu'à la base. Le spectacle
ne laisse pas d'être curieux, mais personne ne s'attarde à le
considérer. L'émotion gagne les plus braves, qui franchissent
au plus vite le redoutable défilé.

Beaucoup plus redoutable est le défilé de la Forêt. Pour
comprendre ce qui va suivre, remarquons que depuis une
quinzaine d'années le sentier traverse en droite ligne l'enceinte et la grande douve, et qu'auparavant, après avoir tra-
versé l'enceinte, il descendait par la douve jusqu'à l'étang
pour remonter vers le village. C'est ici que les histoires
abondent. Pour le délassement du lecteur, nous allons en
rapporter quelques-unes.

Un coq d'une grosseur extraordinaire y prenait un soir ses
ébats. La tête haute, la queue déployée en éventail, il mar-
chait lentement, frappant des pieds le sol : pac, pac, pac. Un
voyageur arrive sur les entrefaites et cette vue lui donne le
frisson. Sa frayeur augmente lorsqu'à l'extrémité de la douve,
le maudit animal saute sur la haie et s'y campe hardiment, le
regardant en face : « Mon Dieu, mon Dieu, s'écrie-t-il, ayez
pitié de moi, qu'adviendra-t-il de votre serviteur si la bête
reste là ? » La bête n'y reste pas ; elle s'évanouit aussitôt et
le passage redevient libre. Le voyageur s'y précipite et court
d'un trait jusqu'à son village, où il rentre plus mort que vif

Une autre fois, un poulain de taille moyenne se tenait de travers à l'endroit précis où le sentier descend dans la douve, de manière à barrer le passage entièrement. Un habitant de la Forêt veut passer cependant pour retourner à son village; mais le moyen? Son bon ange l'inspire; il tire vivement son chapelet, et d'une voix qu'il tâche de rendre ferme : *Ollec, ar men deu niguént; en henteu e zou de Zoué, n'en dint quet libr der grechenion merhat¹* ?» Ce disant, de son chapelet il frappe le poulain qui s'enfuit au galop dans la douve du côté opposé à l'étang, en poussant des hennissements prolongés. Au même instant, une tempête éclate et les hêtres s'agitent avec un fracas si formidable qu'ils semblent tomber tous à la fois. Pour le paysan, il se sauve plus vite que le vent, et se jette dans la première maison qu'il rencontre, en proie à l'épouvante. Les cheveux hérissés, l'œil hagard, les bras tendus, il est dans un état à faire pitié. Ses hôtes le pressent en vain de s'expliquer; la parole expire sur ses lèvres, et il lui faut un certain temps pour reprendre haleine et raconter son horrible aventure.

Ami lecteur, si jamais le hasard ou la curiosité vous amène en ce castel, gardez votre sang-froid; gardez-le surtout dans le moment où un effort courageux pourrait assurer votre fortune. Que l'épreuve suivante vous serve de leçon.

Midi avait sonné et la cloche de Bihuy venait de tinter l'*Angelus*. L'air était calme, le ciel pur, le soleil dans tout son éclat. Un paysan traversait en ce moment l'enceinte du castel, lorsqu'il s'arrêta stupéfait. Trois bassins remplis de pièces d'argent brillent à quelques pas et il entend une voix qui lui dit: reviens à minuit ce soir; si tu réussis à prendre une pièce de chaque bassin, le tout sera pour toi. D'affreuses bêtes chercheront à te dévorer, mais ne crains rien, il ne t'arrivera pas de mal. Un trésor est à gagner, la perspective est trop belle, il retourne à l'heure marquée. Les

¹ Ollec, sur mes quarante. Les chemins sont à Dieu; ne sont-ils donc pas libres pour les chrétiens?

trois bassins sont à la même place, dans une vive lumière;
des reptiles de tous genres et de toutes dimensions y
grouillent à la surface et poussent des sifflements qui dé-
chirent les airs. Ce spectacle rend notre homme tout d'abord
interdit. Résolu néanmoins de courir les risques, il s'approche du premier, y plonge la main en détournant la tête, et
en retire rapidement une pièce. Le bassin se purge aussitôt
et le trésor reparaît à son regard étonné. Animé par le succès,
il se hâte vers le second, et sans se laisser davantage inti-
mider, enlève une autre pièce; tous les reptiles s'éva-
nouissent encore comme par enchantement. Il fait aussitôt
un bond et déjà se penche sur le troisième; mais il compte
sans les serpents qui le gardent. Leur fureur ne saurait s'ima-
giner; ils se dressent sur la pointe de leurs queues et leurs
sifflements redoublent dans un concert infernal; ils entor-
tillent ses bras et lui sautent à la gorge, la gueule pleine de
sang et exhalant un souffle empoisonné. Le malheureux ne
s'attendait pas à tant d'horreurs. Le cœur lui manque et il
recule : maudit sois-tu, lui crie la voix; me voilà renvoyé à
cent ans avant de pouvoir parler; et peut-être ne le pour-
rai-je pas encore, car il n'est pas sûr qu'au moment permis
personne vienne à passer. De grandes clameurs se font entendre, les bassins s'enfoncent en terre, d'épaisses ténèbres
recouvrent le castel. Le poltron se hâte d'échapper, mais à
peine a-t-il tourné le dos qu'on dirait des portes qui se
forment avec un bruit sec sur ses talons, et ses pieds ne sont
pas assez rapides pour se garer.

C'est donc une âme en peine qui habite les ruines de la
Forêt. Nos paysans en sont persuadés, comme ils sont persuadés que cette âme n'est autre que celle de l'ancien châtelain,
duc, comte ou seigneur, Comorre peut-être en personne[1] !

---

[1] Les paysans d'alentour regardent le castel comme la demeure
de Comorre, l'homme aux sept femmes, le meurtrier de sainte Tryphine.
Ils ajoutent que des hauteurs de Kerhouarno, village voisin, saint Gildas
et saint Bieuzy jetèrent une poignée de sable sur le manoir qui s'écroula
aussitôt, écrasant tous ceux qui l'habitaient.

Pénitence longue, on l'avouera, pénitence aussi très dure, à cause des souvenirs de splendeur que lui rappelle ce séjour. Ce qui porte au comble sa souffrance, c'est un profond senti- ment de désespoir. L'âme est là, enchaînée depuis des siècles. Une chance unique, tous les cent ans, de briser ses liens. Tous les efforts qu'elle a faits jusqu'ici ont été vains : ne le seront-ils pas toujours ? Cette pensée doit l'accabler, et dès lors on conçoit que de temps à autre sa colère se décharge sur les passants, qu'elle emprunte les traits de certains animaux pour les épouvanter, qu'elle en ait même jeté plusieurs au fond de l'étang. Tous ces récits ont fait du vieux *Castel* un lieu mal famé ; et, pour ma part, j'ai connu des hommes dont les cheveux se dressaient sur la tête lorsqu'ils en approchaient la nuit, ou qui préféraient allonger leur chemin d'une lieue que de s'y hasarder.

Qu'il serait désirable de connaître l'année où la voix doit parler de nouveau ! Mais qui pourrait nous renseigner suffisamment à cet égard ? sans doute quelque tradition ignorée. C'est de quoi il faut s'informer avec soin, et l'époque une fois connue, que d'avance on se donne du cœur ; que durant tout le cours de l'année, on se relaie chaque jour pour ne pas manquer l'instant précis ; et que, sur les exhortations de la voix, on affronte avec intrépidité les terribles serpents. La délivrance de l'âme, la conquête des bassins, la sécurité du passage est à ce prix.

ERRATA

Pages 4, ligne 11,   au lieu de 1020, lire 1021.
— 14, note,   au lieu de petit-fils, lire arrière-petit-fils.
— 30, ligne 18-19, au lieu de nonaissance de son cas, lire nonpuissance de son cors.

Vannes. — Imprimerie LAFOLYE, 2, place des Lices.